Carl-Auer

Stefanie Kirschbaum | Michael Bohne

Klopfen für Kinder

Das Vorlese-Buch

Vierte Auflage, 2026

Umschlag: Heinrich Eiermann
Illustrationen: Karl-H. Volkmann
Redaktion: Nicola Offermanns
Satz: Thomas Schwendemann, Wien
Printed in Germany
Druck und Bindung: CPI books GmbH, Leck

Vierte Auflage, 2026
ISBN 978-3-8497-0306-6

Bibliografische Information der Deutschen Nationalbibliothek:
Die Deutsche Nationalbibliothek verzeichnet diese Publikation
in der Deutschen Nationalbibliografie; detaillierte bibliografische
Daten sind im Internet über http://dnb.d-nb.de abrufbar.

Informationen zu unserem gesamten Programm, unseren Autoren
und zum Verlag finden Sie unter: https://www.carl-auer.de/.
Dort können Sie auch unseren Newsletter abonnieren.

Carl-Auer Verlag GmbH
Vangerowstraße 14 · 69115 Heidelberg
Tel. +49 6221 6438-0 · Fax +49 6221 6438-22
info@carl-auer.de

Inhalt

Liebe Vorleserin, lieber Vorleser,

wir hoffen, Sie sind schon ganz gespannt auf dieses Buch und wollen sofort loslegen, es vorzulesen? Wenn ja, freut uns das natürlich sehr! Wir bitten Sie jedoch noch um einen ganz kleinen Augenblick Geduld. Denn wir möchten Ihnen vorher noch ein paar hilfreiche Tipps für das Vorlesen mitgeben, damit Sie das Potenzial dieses Buches bei der Unterstützung Ihres Kindes bestmöglich nutzen können und dabei gleichzeitig viel Freude haben.

Worum es in »Klopfen für Kinder« geht

Es geht um Gefühle, die jeder kennt und keiner spüren mag: Gefühle von Angst, Aufregung, Ärger, Hilflosigkeit und Überforderung. Diese Gefühle können für Kinder wahre Quälgeister sein und ihnen ein Stück Lebensfreude rauben.

In diesem Vorlesebuch haben die vier Kinder Oskar, Max, Marie und Amal immer wieder mit Ängsten, Überforderung und Wut zu kämpfen. Ihr (Schul-)Alltag ist deswegen nicht gerade einfach. Doch dann, glücklicherweise, lernen sie in der Lernberatung nach und nach einige Klopftechniken und wissen schließlich ganz genau, wie sie ihre Quälgeister-Gefühle abschwächen und sogar loswerden können.

Wie Sie das Buch am besten gemeinsam mit Ihrem Kind lesen

Klopfen für Kinder ist ein Vorlese- und Mitmachbuch. Alle »**Tricks**« können Sie beim Vorlesen direkt gemeinsam mit Ihrem Kind ausprobieren. Dafür steht Ihnen der kleine Elefant »**Peppo**« zur Seite. Immer, wenn Peppo auftaucht, spricht er direkt zu Ihrem Kind. Er fragt nach, ob Ihr Kind auch schon mal eine solche Situation erlebt hat, und motiviert es dazu, den Trick aus der Geschichte einmal selbst auszuprobieren und zu schauen, was sich dadurch verändert.

Unser Tipp lautet: Lesen Sie Ihrem Kind vor, was Peppo sagt. Schauen Sie genau auf die Reaktion des Kindes und planen Sie etwas Zeit ein: für die Fragen und Ideen Ihres Vorlesekindes und für das Ausprobieren der Klopftechniken und anderen Tricks.

Diese Unterbrechungen des Vorlesens werden von Kindern in der Regel positiv angenommen. Für sie sind Unterbrechungen nicht störend, sondern im Gegenteil: Kinder können meistens sehr gut zwischen der Geschichte und der eigenen Wirklichkeit hin- und herspringen.

Welche Wirkung Sie bei Ihrem Kind erleben können

Es kann sein, dass Ihr Vorlesekind einige Zeit nach dem Vorlesen noch einmal auf die Fragen von Peppo oder auf die Geschichten der vier Kinder zurückkommt, weil ihm gerade noch etwas dazu eingefallen ist. Oder Sie sehen, dass Ihr Kind versucht, die Tricks auf eigene Faust auszuprobieren. Zeigen Sie bitte Interesse für dieses Experimentieren und fragen Sie nach der Veränderung, die es nach dem Anwenden der Klopftechniken wahrnehmen kann.

Und lassen Sie sich positiv überraschen! Es kann nämlich sein, dass Ihr Kind auf einmal etwas macht, vor dem es sich sonst gefürchtet hat. Und nun macht es genau dies mit einer Selbstverständlichkeit, über die man nur staunen kann. Die Klopftechniken und anderen Tricks zeigen oft überraschend schnell und deutlich Wirkung.

Vielleicht fragen Sie sich auch, wie das sein kann. Antworten darauf finden Sie im Nachwort von Michael Bohne, in der angegebenen Literatur im Anhang oder in dem Kapitel »Elternabend«, das Sie im **Download-Bereich** des Carl-Auer Verlages herunterladen können. Dort finden Sie u. a. auch Ausmalbilder und die Zusammenfassung aller Tricks.

www.carl-auer.de/zusatzmaterial-zu-klopfen-fuer-kinder

Zum Abschluss sei noch gesagt: Sie können bei der Anwendung der Tricks so gut wie nichts falsch machen. Wir wünschen Ihnen viel Freude bei der Verabschiedung der emotionalen Quälgeister. Legen Sie jetzt gemeinsam mit Ihrem Kind einfach los!

Hallo und herzlich willkommen!

Schön, dass ihr euch für dieses Buch entschieden habt. Denn wir möchten euch unbedingt die Geschichten von Oskar, Max, Marie und Amal erzählen. Und damit ihr sie gleich ein bisschen kennenlernt, stellen wir die vier hier kurz vor.

Das ist Oskar.

Er geht in die Klasse 3b der Erich-Kästner-Grundschule. Die anderen Kinder mögen ihn, weil er viel Quatsch macht und es einfach immer lustig mit ihm ist. Er reimt gerne und singt Lieder, wenn er still sein soll. Und er steht auf und rennt herum, wenn er eigentlich stillsitzen soll. Die Lehrer sind deswegen oft sauer auf ihn. Oskar bekommt daher fast jeden Tag Ärger in der Schule.

Das ist Max.

Er geht in die Klasse 3a der Erich-Kästner-Grundschule. Das Beste an der Schule ist das Fußballspielen in den Pausen, findet er. Sachkunde und Kunst mag er auch, aber Rechnen dafür gar nicht. Von Matheaufgaben bekommt er oft Bauchschmerzen. Und vor Mathearbeiten hat er sogar ziemlich große Angst.

Das ist Marie.

Sie geht in die Klasse 2a der Erich-Kästner-Grundschule. Marie sagt am liebsten gar nichts. Wenn sie im Unterricht trotzdem mal etwas sagen soll, ist sie ganz aufgeregt und wird manchmal sogar rot im Gesicht. Manche Kinder aus ihrer Klasse wundern sich: Wieso hat Marie Angst vor Diktaten, aber vor Pferden nicht? Auf denen reitet sie sogar im Galopp.

Das ist Amal.

Sie geht in die gleiche Klasse wie Marie, nämlich in die 2a. Amal kommt aus Syrien. Daher musste sie erst einmal Deutsch lernen, und mit der Rechtschreibung klappt es noch nicht gut. Die anderen Kinder spielen gerne mit Amal, weil sie viel lacht, den Mädchen tolle Zöpfe flechten und lustige Figuren und Tiere malen kann.

Möchtet ihr wissen, worum es in unseren vier Geschichten geht?

Oskar erzählt es euch ...

Halli-Hallo, ich möchte mich vorstellen: Ich bin Peppo. Wie ihr seht, bin ich ein Elefant. Und ich bin ja soooo neugierig. Deswegen möchte ich diese Geschichten mit euch zusammen lesen.
Bestimmt stelle ich dir einige Fragen. Ist das in Ordnung?
Aber jetzt lesen wir erst mal weiter, ja?

»Es geht um schlaue Tricks. Die haben wir alle von Frau Mai, das ist die Lernberaterin bei den ›Lernofanten‹. Die Tricks sind echt cool und helfen, wenn man zum Beispiel wütend ist oder vor irgendetwas Angst hat. Am besten ist, du liest unsere Geschichten. Viel Spaß!«

Oskars Geschichte

Oskar zieht sich in der Jungen-Umkleide des Schwimmbades um. »Oh nein, ich habe die Schwimmbrille vergessen!«, ruft er durch den Raum. Die anderen Jungen lachen. »Typisch Oskar!«, ruft einer und verdreht die Augen. »Das gibt bestimmt Ärger«, meint ein anderer. »Wann denkst du endlich mal dran?«, fragt Aki.

Oskar zuckt mit den Schultern. »Hoffentlich nächstes Mal!«, sagt er und rennt los zur Dusche. »Wutsch« macht es da auf einmal! Oskar ist auf den nassen Fliesen ausgerutscht. »Autsch!«, ruft er laut und reibt seinen Po. Wieder lachen einige Jungen und einer ruft: »Typisch Oskar!«

In diesem Moment kommt ihr Trainer Christoph in die Umkleide. »Macht mal ein bisschen flott!«, sagt er. »Hab ich gerade versucht ...!«, sagt Oskar und reibt immer noch seinen Po. Christoph schaut ihn streng an. »Du sollst nicht rennen, Oskar. Wie oft habe ich dir das schon gesagt? Sonst passieren schlimme Unfälle." Oskar nickt und geht zur Dusche. »Dann merk es dir auch endlich mal!«, ruft Christoph ihm hinterher.

Unter der Dusche pfeift Oskar fröhlich vor sich hin. Denn das Schwimmtraining macht ihm Spaß. Er freut sich schon darauf, ins Wasser zu kommen. »Yippie!«, ruft er nach der Dusche, nimmt Anlauf und springt in hohem Bogen ins Wasserbecken.

›Mist!‹, denkt Oskar einen Moment später. Denn Christoph hat seinen Sprung ins Wasser beobachtet. Großer Mist! Die erste Baderegel heißt hier: Nicht im Schwimmbad rennen und nicht vom Beckenrand springen! Oskar kennt die Regel genau. Aber das Dumme ist: Ihm fallen Regeln immer erst ein, wenn es zu spät ist ...

Christoph kommt nun auf ihn zu. Er sieht wütend aus. »So, Oskar! Das ist die allerletzte Verwarnung! Noch einmal, und du fliegst aus der Schwimmgruppe! Verstanden?«

Oh! Rausfliegen möchte Oskar auf gar keinen Fall! Schnell sagt er: »Entschuldigung! Ich mach´s nicht mehr. Es ist mir zu spät eingefallen.« Christoph schüttelt unwillig den Kopf: »Mensch, Oskar, du musst erst nachdenken. Hinterher ist es zu spät! Wo ist überhaupt deine Schwimmbrille? Schon wieder vergessen? Konzentrier dich doch mal, Junge. So schwer kann das doch nicht sein!« Oskar schüttelt den Kopf. ›Konzentrieren ist sehr wohl schwer!‹, denkt er, aber sagt es besser nicht. Stattdessen schwimmt er eine Bahn.

Nun kommen auch die anderen Jungen und Mädchen ins Wasser. Das Training beginnt. Sie schwimmen viele Bahnen: Brust, Rücken und Kraulen. Zum Abschluss sagt Christoph: »Jetzt machen wir noch ein Wettschwimmen über die Länge von zwei Bahnen. Das sind 100 Meter!«

Yippie! Oskar liebt das Wettschwimmen. Denn darin ist er immer richtig gut. »Achtung, fertig, los!«, ruft Christoph nun und die Kinder schwimmen los. Oskar schwimmt so schnell er kann und schlägt drei Sekunden vor allen anderen an. »Yippie!«, jubelt er. Die anderen klatschen.

Oskar zieht sich am Beckenrand hoch, kommt auf die Beine und reckt die Arme in die Höhe. Danach vollführt er ein Tänzchen. »Typisch Oskar!«, sagt ein Junge. Einige Mädchen kichern.

Nun kann sich Oskar leider nicht mehr bremsen. Schon hat er einen Luftsprung gemacht und sich seitlich ins Becken fallen lassen. Dann erst merkt er, was er gerade getan hat. Die Standpauke vom Trainer kommt sofort: »Raus mit dir! Und zwar sofort!«

Toll, Oskar!

Schwimmst du eigentlich auch gerne? Und wusstest du, dass wir Elefanten, obwohl wir groß und schwer sind, auch gut schwimmen können?

Oskar beeilt sich, aus dem Wasser zu kommen. Christoph schimpft weiter: »Du gefährdest dich und andere. Damit ist jetzt Schluss. Ich habe dich mehrfach verwarnt, Oskar. Aber du hältst dich trotzdem nicht an unsere Regeln. Deswegen muss ich dich vom Schwimmtraining ausschließen!«

Oskar wird blass. Sein Mund steht offen. Er lässt sich auf den Boden sinken und hält die Hände vor sein Gesicht. »Entschuldigung, ich mache es nie wieder, versprochen! Ich möchte weiter trainieren«, bittet er seinen Trainer.

Christoph schüttelt jedoch den Kopf. Nun mischt sich Aki ein: »Aber, wenn Oskar verspricht, dass …« »Nein!«, unterbricht Christoph ihn ungeduldig und schaut Oskar streng an. Dann sagt er: »Du ziehst dich jetzt um. Ich möchte gleich noch mit deiner Mutter sprechen.« Oskar nickt und geht mit gesenktem Kopf in die Jungen-Umkleide.

»Was ist los?«, fragt seine Mutter, als Oskar ihr entgegenkommt. »Hat es Ärger gegeben?« Oskar nickt. Er zittert vor Aufregung. Mama drückt ihn an sich. »Der Trainer … möchte mit dir sprechen«, sagt Oskar weinend.

Christoph kommt auf Oskars Mutter zu. »Oskar ist ein wirklich guter Schwimmer. Aber er hält sich nicht an unsere Regeln und deshalb muss ich ihn vom Training ausschließen. Ich kann die Verantwortung für ihn wirklich nicht länger tragen. Wenn Oskar es schafft, ruhiger zu werden, und bereit ist, sich an die Regeln zu halten, kann er gerne wieder in seine Gruppe zurück.«

Oskars Mutter bittet ihn, Oskar noch eine Chance zu geben: »Oskar fällt es schwer, sich zu konzentrieren. Er ist hyperaktiv, aber lernt in der Lernberatung, wie er ruhiger werden kann.

Und er macht gute Fortschritte. Können Sie nicht ein Auge zudrücken und ihn weitertrainieren lassen?«

Christoph schüttelt den Kopf. »Nein, aber Oskar kann in drei Monaten zu einem Probetraining kommen. Dann sehen wir weiter.« Er klopft Oskar auf die Schulter. »Streng dich an, Junge!«

Mit hängendem Kopf geht Oskar mit seiner Mutter nach Hause. Wütend kickt er Steine über den Bürgersteig.

Der Tag geht leider nicht besser weiter. Beim Abendessen bekommt Oskar auch noch mit seinem Vater Ärger, weil er immer wieder herumzappelt und aufspringt. »Hör auf mit dem Gezappel, Oskar!«, schimpft Papa.

›Überall bekomme ich Ärger‹, denkt Oskar traurig, als er später im Bett liegt. Feste nimmt er seinen Kuschelbären in den Arm.

Oh, da kann ich Oskar gut verstehen. Ärger zu bekommen ist doof!

Kriegst du auch manchmal Ärger? Und wofür?

Am nächsten Tag fragt Emre in der Schule: »Oskar, bist du krank? Du singst ja gar nicht …« Oskar schüttelt den Kopf. Krank ist er nicht, aber am liebsten möchte er ganz verschwinden. Richtig weit weg. Vielleicht auf den Mars. Da gibt es bestimmt keine Schule, keine Regeln und keinen Ärger. ›Ich werde Astronaut!‹, denkt Oskar und überlegt, was er an Bord seines Raumschiffes mitnehmen wird.

Da wird er von Emre angetippt und hört, wie Frau Lang zu ihm sagt: »Oskar, heute klappt es mit dem Konzentrieren ja überhaupt nicht!« Oskar zuckt zusammen, und es fällt ihm noch nicht einmal eine Antwort ein.

Ein paar Stunden später ist die Schule zu Ende. »Endlich!«, ruft Oskar erleichtert und rennt schnell nach Hause.

Ein komischer Trick

Oskars Mutter schaut auf die Uhr: »Oskar, um fünf Uhr hast du den Termin im Lernzentrum«, sagt sie. »Ja, weiß ich«, antwortet Oskar kurz und konzentriert sich dann wieder auf seine Raumstation. Schließlich möchte er ja Astronaut werden.

»Du musst los, Oskar!«, erinnert seine Mutter ihn 30 Minuten später noch einmal. »Ja, ja«, sagt Oskar. Er baut immer noch an der Raumstation.

Wieder sind zehn Minuten vergangen. »Bist du immer noch nicht unterwegs?« Nun klingt seine Mutter ungeduldig. »Wie oft soll ich dich noch daran erinnern? Los jetzt!« Oskar springt auf, zieht sich seine Schuhe an und rennt los.

Fast da! Oskar läuft schwungvoll um die letzte Häuserecke. So schwungvoll, dass er beinahe noch einen Hund, der gerade sein Bein hebt, umrennt.

Dann steht er keuchend vor der Tür des Lernzentrums »Die Lernofanten« und drückt lange auf die Klingeltaste.

»So stürmisch, Oskar?«, fragt Frau Mai und grinst. Oskar nickt. Frau Mai führt ihn in den Gruppenraum. Dort sitzen die anderen Kinder im Stuhlkreis und begrüßen Oskar. Amal winkt freudig. Max grinst. Marie schaut kurz auf und betrachtet dann wieder den Teppich unter ihren Füßen.

»Hab ich was verpasst?«, fragt Oskar in die Runde und grinst. Die anderen schütteln den Kopf. Frau Mai antwortet: »Na ja, wir haben gerade überlegt, über was wir heute sprechen. Hast du eine Idee?«

Oskar springt auf. »Der Trainer hat mich rausgeworfen, und ich darf nicht mehr zum Training!«, platzt es aus ihm raus. Er rennt um den Stuhlkreis und boxt wie wild in die Luft.

»Renn weiter und sag uns, was passiert ist!«, schlägt Frau Mai vor.

Oskar legt los: »Erst habe ich eine Arschbombe gemacht. Dann hat der Trainer gedroht, dass er mich rauswirft. Und dann habe ich nicht nachgedacht und mich ins Wasser fallen lassen. Aber das war überhaupt nicht gefährlich! Trotzdem hat er mich rausgeworfen!« Oskar schreit nahezu und boxt wieder in die Luft. »Das ist so gemein!«, brüllt er. Frau Mai steht auf und stellt sich mit ein bisschen Abstand neben Oskar. »Jetzt bist du stinkesauer?« Oskar nickt. »Und am liebsten möchtest du alles kurz und klein hauen, nicht wahr?«

»Ja!« Oskar boxt noch einmal kräftig in die Luft. Frau Mai nickt verständnisvoll. »Aber ob das gut ist? Wahrscheinlich gibt es dann neuen Ärger. Deswegen schlage ich vor, dass du etwas anderes ausprobierst, einen Trick. Allerdings sieht dieser Trick etwas komisch aus, und es könnte sein, dass du gleich lachen musst. Möchtest du es trotzdem probieren?«

Oskar nickt. Frau Mai wendet sich an die anderen: »Seid ihr vielleicht auch auf irgendwas oder irgendwen sauer? Dann könnt ihr direkt mitmachen.« Max nickt und sagt: »Auf Felix bin ich sauer, weil der alle haut!« Amal nickt. »Ich bin sauer auf Gina, weil die mich ausgelacht hat.« Marie nickt still.

Bist du auch schon mal richtig wütend? Auf wen oder was bist du dann wütend? Dann denk doch auch mal ganz feste daran.

»Gut, ich zeige euch jetzt einen Trick, mit dem ihr eure Wut kleiner machen könnt. Seid ihr bereit?« Alle sind neugierig und nicken kräftig. »Okay, los geht´s!«, sagt Frau Mai nun. »Schließt kurz die Augen und denkt an das, worauf ihr wütend seid!« Amal runzelt die Stirn und hat einen Einwand: »Aber dann kann die Wut doch nicht verschwinden, wenn ich die ganze Zeit daran denke!« Frau Mai lächelt. »Ja, das hört sich komisch an, aber es ist Teil des Tricks, Amal! Du wirst sehen …«, sagt sie geheimnisvoll. Amal nickt und schließt die Augen.

KLOPFE
+ co

»So, jetzt macht die Augen bitte wieder auf!«, sagt Frau Mai nach einer Weile. »Was wir jetzt machen, sieht etwas merkwürdig aus. Macht mir bitte trotzdem alles nach!« Sie überkreuzt als Erstes die Fußknöchel. Danach streckt sie beide Arme nach vorne und überkreuzt sie ebenfalls. Anschließend legt sie die Handinnenflächen aufeinander. Beide Daumen zeigen nun nach unten und ihre Finger greifen ineinander.

Das klingt lustig. Hast du Lust, dich auch so zu verknoten?

Das haben alle geschafft, aber dann zieht Frau Mai die Hände nach oben vor die Brust. Das sieht kompliziert aus. Max schafft es als Erster. Die anderen probieren noch. Amal kichert. Marie wird rot, weil es irgendwie nicht klappt. Frau Mai wiederholt alles noch einmal langsamer. Schließlich sitzen sie alle im Kreis und ruhen sich mit überkreuzten Beinen und Armen aus.

»Einfach nur atmen!«, sagt Frau Mai. Wenig später lösen sie den Knoten aus Armen und Beinen wieder auf.

Was danach kommt, ist nun aber wirklich komisch. Frau Mai klopft mehrere Male auf ihren Handrücken, dann klopft sie auf die Handkante und anschließend beklopft sie die einzelnen Fingerspitzen. Amal kichert, Oskar prustet los. Frau Mai schmunzelt. »Ja, wenn uns jemand sehen würde …

das sieht einfach komisch aus. Doch der Trick ist, dass es trotzdem hilft! Kommt, wir klopfen weiter!«

Frau Mai klopft nun auf die Stirn. »Denkt bitte weiter an das, was euch wütend macht.« Dann geht es weiter mit der Augenbraue, der Schläfe, unter dem Auge, unter der Nase, zwischen Unterlippe und Kinn. Danach kommt ein Punkt unter dem Schlüsselbein, dann klopfen sie auf den Rippenbogen. Den nächsten Klopfpunkt findet Oskar besonders toll: Da dürfen sie nämlich mit der flachen Hand ein Stück unterhalb des Armes klopfen. Und zum Schluss klopfen sie mitten auf das Brustbein.

Du klopfst in dieser Reihenfolge:

Handrücken 1
Handkante 2
kleiner Finger 3
Mittelfinger 4
Zeigefinger 5
Daumen 6
Stirn 7
Augenbraue innen 8
Schläfe 9
unter dem Auge 10
unter der Nase 11
unter der Lippe/am Kinn 12
unter Schlüsselbein 13
auf dem Rippenbogen 14
unter dem Arm seitlich 15
mittig auf dem Brustbein 16

Marie hat mitgezählt. »**16 Punkte**. Seltsam«, murmelt sie.

»Und noch einmal von vorne! Ihr könnt übrigens mit der rechten oder mit der linken Hand klopfen, wie ihr wollt«, sagt Frau Mai. Sie klopfen alle 16 Punkte noch einmal. Dann sagt Frau Mai: »So, das waren zwei Klopfrunden. Was ist inzwischen aus eurer Wut geworden?«

»Krass! Sie ist kleiner geworden!«, ruft Oskar. Die anderen nicken und schauen sich verdutzt an. Amal schüttelt ihren Kopf. »Das kann doch nicht sein!«

Frau Mai lächelt. »So ist das bei den Tricks. Wir wissen nicht genau, warum sie funktionieren. Kommt, wir machen eine dritte Klopfrunde. Denkt bitte wieder an eure Wut. Gelingt euch das?« Amal schüttelt den Kopf. Oskar ruft: »Gar nicht so einfach!«

Sie klopfen auf dieselben 16 Punkte an Hand, Kopf und am Oberkörper. Anschließend behauptet Oskar: »Die Wut ist abgehauen. Komplett!« Amal findet das rätselhaft: »Aber das kann doch nicht sein! Das ist ja wie bei Bibi & Tina, hex hex!«, ruft sie lachend. Marie kichert mit.

Frau Mai schmunzelt. »Ja, es ist erstaunlich. Über das Klopfen der Punkte könnt ihr eure Gefühle verändern. Das funktioniert, weil es im ganzen Körper Nervenbahnen gibt, die dem Gehirn Nachrichten senden. So weiß das Gehirn immer, wie es allen Körperteilen geht. Wenn wir in einen Streit verwickelt sind, bekommt das Gehirn Nachrichten über das Auge und das Ohr gesendet und verarbeitet sie anschließend. Dann gibt das Gehirn einen Auftrag an die Arme und Beine, etwas zu tun, oder den Auftrag, etwas zu sagen. In einem Teil des Gehirns werden andauernd Gefühle produziert, sowohl die angenehmen Gefühle, wie Freude, als auch die unangenehmen Gefühle, wie Wut. Wenn wir auf bestimmte Punkte am Körper klopfen oder drücken, dann bekommt das Gehirn über die Nervenbahnen die Botschaft, dass es entspannen kann und die unangenehmen Gefühle nun am besten wieder auflöst. Das ist der Trick. Was wir gemacht haben, nennt sich übrigens PEP.« Frau Mai gibt jedem Kind ein Blatt. »Auf diesem Übungsblatt wird alles noch einmal erklärt. Probiert es zu Hause oder in der Schule. Habt ihr noch Fragen?«

Oskar meldet sich: »Haut die Wut denn jetzt für immer ab?«

Frau Mai schüttelt den Kopf. »Nein, die Wut ist nicht für immer weg. Sie kommt wieder, wenn du dich über etwas anderes ärgerst. Aber die Wut, die du jetzt hattest, kannst du dir vorstellen wie einen Luftballon, aus dem ganz viel Luft herausgeströmt ist. Er sieht dann ziemlich schlapp aus.«

Die Kinder packen ihre Rucksäcke und verabschieden sich. Frau Mai läuft hinter ihnen her und sagt: »Beinahe hätte ich etwas Wichtiges vergessen: Bitte klopft in der Schule nicht auf euren Stirnpunkt, sonst denken die Lehrer noch, ihr würdet ihnen einen Vogel zeigen …« Die Kinder prusten los und machen sich immer noch lachend auf den Nachhauseweg.

Wetten wir?

Am Abend sitzt Oskar auf dem Sofa und klopft auf seine Stirn. »Was machst du denn da, zeigst du mir etwa gerade einen Vogel?«, fragt Opa Herbert und droht ihm lachend mit dem Zeigefinger. Oskar lacht und klopft nun oberhalb seiner Augenbraue. »Nein. Ich klopfe, Opa. Davon geht die Wut weg.«

»Ach so!«, sagt Opa Herbert und kratzt sich am Kopf. Oskar zeigt auf das Übungsblatt. »Frau Mai hat es uns gezeigt. Ich war wütend, und dann haben wir geklopft. Und jetzt bin ich nur noch ein kleines bisschen wütend.«

»Na, dann zeig mal her!« Opa Herbert setzt sich zu Oskar, nimmt das Blatt in die Hand und liest. »Da steht auch, dass man vom Klopfen ruhiger wird und sich besser konzentrieren kann. Das wäre gut für dich, mein Junge!«

»Opa, das hast du mir schon tausendmal gesagt.« »Weil es stimmt!« Opa Herbert steht auf. »Und nun komm bitte zum Abendessen, Oskar!«

Kurze Zeit später sitzen sie gemeinsam am Küchentisch. Oskar beißt in sein Brot und sagt kauend: »Es ist seltsam, aber irgendwie auch cool!«

»Wovon sprichst du?«, wundert sich Opa Herbert.

»Mensch, Opa, vom Klopfen natürlich!«, sagt Oskar ungeduldig.

Opa nickt. »Wenn du klopfst, machst du wenigstens keinen anderen Unsinn.«

Oskar schnappt sich zwei kleine Tomaten vom Teller und springt auf: »Schau mal, Opa, ich kann mit Tomaten jonglieren!«

Opa Herbert findet das jedoch nicht lustig. »Mit Lebensmitteln spielt man nicht. Setz dich, bitte, und iss deinen Teller auf!«

Oskar lacht. »Den ganzen Teller?«

»Du weißt genau, was ich meine, Oskar. Mit dem ganzen Quatsch handelst du dir nur wieder Ärger ein.«

Oskar setzt sich wieder hin und steckt den Rest seines Butterbrotes in den Mund. Genau in diesem Moment hat er eine klasse Idee … »Opa, wetten wir?«, sagt er kauend. »Ich mache morgen keinen einzigen Quatsch in der Schule. Du musst dagegenwetten.«

»In Ordnung. Worum wetten wir?«, schmunzelt Opa Herbert. »Um … ins Kino gehen!«, ruft Oskar begeistert.

Opa Herbert lacht. »Gut, aber wenn du doch Quatsch machst, putzt du am Wochenende mein Fahrrad. Und zwar picobello! Und ich verlasse mich darauf, dass du ehrlich bist.« Er schaut Oskar direkt in die Augen.

Oskar nickt und hält Opa die Handfläche entgegen. Sie klatschen sich ab. Dann rennt Oskar ein paar Mal um den Tisch und freut sich. »Kino! Kino! Yippie!«

Kino oder Fahrradputzen?

Oskar ist auf dem Weg zur Schule. Heute darf er keinen Quatsch machen. »Kein Quatsch, kein Quatsch!«, sagt er leise zu sich selbst.

In der ersten Stunde haben sie Deutsch. Sonst zieht Oskar im Deutschunterricht Grimassen, um die anderen zum Lachen zu bringen. Außerdem singt er den Text, statt ihn vorzulesen. Das ärgert seine Deutschlehrerin immer sehr.

»Kein Quatsch heute, kein Quatsch«, flüstert Oskar wieder vor sich hin. Er hat Glück: Heute sprechen sie über die Klassenfahrt, die sie bald machen werden. Das ist spannend! Da ist Oskar ganz bei der Sache.

Im Sportunterricht geht auch alles gut, weil sie Fußball spielen, und Fußball nimmt Oskar sehr ernst.

Doch dann haben sie Kunstunterricht bei Frau Mahler. Sie hat Oskar in der letzten Kunststunde den Wassermalkasten weggenommen. Oskar fand das sehr ungerecht. Denn er hatte ja nur ein kleines bisschen damit herumgekleckert.

»Oskar, du malst heute nur mit Farbstiften«, sagt Frau Mahler in diesem Moment.

»Aber, das ist …«, fängt Oskar an, wird jedoch von Frau Mahler unterbrochen: »Du malst so lange mit Farbstiften, bis du dich benehmen kannst!«, sagt sie streng.

»Aber, ich mache doch gar nichts!«, widerspricht Oskar und trommelt vor lauter Aufregung auf den Tisch. »Doch, Oskar. Du kannst zum Beispiel nicht stillsitzen. Und du störst die anderen!«, entgegnet ihm Frau Mahler.

Oskar ist schrecklich wütend. Er findet das so ungerecht, dass es plötzlich »Peng-Puff-Peng« in seinem Kopf macht. Wütend springt er auf. Dabei stößt er leider gegen seinen Stuhl. Mit lautem Gepolter fällt er zu Boden. Frau Mahler zeigt mit ihrem Finger zur Tür. »Du kannst dich draußen abregen!« Wütend rennt Oskar nach draußen und knallt die Tür hinter sich zu.

«Mist, Mist, Mist!« Oskar läuft schimpfend den Gang rauf und runter. Die Wette ist verloren. Oskar ist stinkesauer. Moment! Das erinnert ihn an etwas …

Der Trick von Frau Mai! Wo er doch gerade so wütend ist! Oskar fängt an zu klopfen. Er erinnert sich an fast alle der 16 Klopfpunkte. Nach einer Runde fühlt er sich schon etwas ruhiger. ›Ah, der Punkt auf der Stirn tut gut‹, findet er. Oskar klopft weiter. Nach drei Klopfrunden ist die Wut kleiner geworden. Jetzt ist er traurig, weil er die Wette verloren hat und deswegen nicht ins Kino gehen kann. Dafür muss er Opas Fahrrad putzen …

Am Nachmittag ruft Oskar bei Opa Herbert an. »Opa …«, sagt Oskar. »Ich komme am Samstag zu dir. Ich muss ja noch dein Fahrrad putzen.« Opa Herbert ist einen Moment still. »Das tut mir leid, mein Junge!« Oskar schnieft ein bisschen und Opa schlägt ihm vor: »Weißt du was, wir erneuern unsere Wette in der nächsten Woche, okay? Du bekommst eine zweite Chance!« Oskar schnieft noch mal. »Danke, Opa!«

Oskar im Schneckentempo unterwegs

»Was für ein Schlamassel!«, sagt Frau Mai, als ihr Oskar am nächsten Nachmittag von der verlorenen Wette berichtet. Oskar tritt gegen das Stuhlbein. »Mist, Mist, Mist!«, ruft er und rauft sich dabei die Haare.

Frau Mai fängt an, auf den Handrücken ihrer linken Hand zu klopfen. Sie schaut Oskar aufmunternd an. »Machst du mit?« Oskar nickt und klopft mit. Nach einer Klopfrunde ist Oskar schon etwas ruhiger und sagt: »Ich habe das Klopfen total vergessen, erst nachher fiel es mir ein. Ich bin einfach zu doof!«

»Das glaube ich nicht!«, sagt Frau Mai freundlich und fährt fort: »Wenn man, so wie du gerade, wütend auf sich selbst ist, hilft ein weiterer Trick: das Kurbeln. Magst du sehen, wie das geht?« Oskar nickt.

Merkwürdig! Mit ihrer rechten Hand macht Frau Mai kreisförmige Kurbelbewegungen in der Vertiefung unterhalb der linken Schulter. »Hier, fühlst du diese Delle? Wir kurbeln

Tatsächlich … da ist eine kleine Delle. Hast du da auch eine Vertiefung, um die du drumherum kurbeln kannst?

da rundherum«, erklärt sie und spricht Oskar einen Satz vor: »Auch wenn es mir noch nicht gelungen ist, einen Schultag lang keinen Ärger zu bekommen, bin ich ein cooler Junge.« Sie wiederholen den Satz gemeinsam und kurbeln dabei. Dann sprechen sie einen weiteren Satz: »Auch wenn ich diesmal die Wette verloren habe, mag ich mich genauso, wie ich bin.« Oskar kurbelt und kurbelt. Dann lacht er. »Das ist ein bisschen verrückt!« Frau Mai lacht mit. »Und wie geht es dir, wenn du diese Sätze kurbelst?«

»Gut!«, sagt Oskar. Frau Mai lächelt. »Deine nächste Wette steht an, nicht wahr?«, fragt sie.

»Ja! Und ich will sie unbedingt gewinnen!«, antwortet Oskar und grinst. »Klar! Und welcher Trick hilft dir dabei?«, fragt Frau Mai neugierig. Oskar zuckt mit den Achseln. »Ich weiß nicht. Ich müsste mich in eine Schnecke verwandeln …«

»So langsam willst du sein?«, fragt Frau Mai. Oskar zuckt wieder mit den Achseln. »Jedenfalls mache ich Sachen, und dann merke ich erst, dass es Ärger geben wird. Opa sagt, ich bin schneller, als die Polizei erlaubt.«

»Wie schnell bist du normalerweise, wenn du dich mit einem Tier vergleichst: so schnell wie ein …?«

»Jaguar!«, sagt Oskar sofort.

»Aha! In welchen Situationen ist das denn gut, so schnell zu sein wie ein Jaguar?«, will Frau Mai wissen.

»Beim Schwimmen zum Beispiel oder bei Wettkämpfen oder in gefährlichen Situationen.« Frau Mai nickt. »Und was gelingt im Schneckentempo besser?« Oskar überlegt. »Erst mal nachdenken bei Klassenarbeiten. Oder erst mal an die Regeln denken, bevor ich etwas mache«, sagt er schließlich.

Frau Mai legt Papier und Stifte auf den Tisch. »Bitte zeichne eine Schnecke und einen Jaguar auf das Papier!« Das macht Oskar gerne und zeichnet in Windeseile einen Jaguar und danach eine Schnecke.

Frau Mai ist beeindruckt: »Du kannst ja jaguarmäßig zeichnen! Und jetzt schauen wir noch, wie es dir gelingen kann, auch mal im Schneckentempo unterwegs zu sein.« Sie zwinkert ihm zu. »Oder zumindest als langsame Renn-Schnecke. Okay?« Oskar grinst.

»Die Überkreuz-Übung kennst du ja schon, Oskar. Sie hilft dabei, ruhiger zu werden und erst mal nachzudenken. Aber leider ist sie auch ein bisschen auffällig. Daher zeige ich dir noch einen anderen Trick, der niemandem auffällt.«

Frau Mai legt die Fingerspitzen beider Hände aufeinander. »Das ist schon alles.« Oskar macht es ihr nach. »Jetzt nur noch ruhig atmen. Und schon fühlst du dich ein bisschen mehr wie eine Schnecke.« »Cool!«, sagt Oskar jetzt.

Frau Mai schaut auf die Uhr. »Unsere Zeit ist um. Hast du Lust, auf dem Nachhauseweg etwas auszuprobieren?« Oskar nickt. »Du könntest abwechselnd so schnell wie ein Jaguar und dann wieder so langsam wie eine Schnecke laufen, so übst du den Tempowechsel.« Oskar nickt begeistert und verabschiedet sich. Die ersten Meter legt er gemütlich im Schneckentempo zurück, dann rast er los wie ein Jaguar.

Wette Nummer zwei

»Diesmal schaffe ich es!«, sagt Oskar laut zu sich selbst. Er ist auf dem Weg zur Schule und möchte seine Wette mit Opa Herbert gewinnen. In der ersten Stunde haben sie Mathematik. ›Hoffentlich komme ich nicht an die Tafel‹, denkt Oskar. Denn vorne an der Tafel ist die Verlockung groß, die gesamte Klasse zum Lachen zu bringen. Schnell legt er die Fingerspitzen beider Hände aufeinander. ›Ich will eine Schnecke sein‹, sagt er leise zu sich selbst.

Die Mathestunde läuft gut, und es passiert nichts Außergewöhnliches. Dann haben sie eine Doppelstunde Deutsch. Zu zweit sollen sie ein Frühlingsgedicht schreiben. Das freut

Oskar, denn er liebt es, zu reimen und seine Texte laut zu singen. ›Ich singe heute besser nicht!‹, fällt ihm ein. Schnell legt er unter dem Tisch die Finger zusammen. Doch dann fällt seinem Klassenkameraden Severin ein sehr ulkiger Reim ein:

»Der Frühling kommt mit voller Wucht,
da explodiert die ganze Bucht.«

Beide prusten lauthals los.

Frau Lang schaut Oskar streng an. »Ich kann nichts dafür«, verteidigt er sich. »Das war Severins Reim.« »Hast du ihn ausgelacht, Oskar?«, fragt Frau Lang vorwurfsvoll. »Nee, der fand das auch lustig!«, antwortet Oskar. »Dir fällt auch immer eine Ausrede ein, Oskar!«, schimpft Frau Lang.

Oskar findet es ungerecht, dass Frau Lang nur mit ihm geschimpft hat. Am liebsten möchte er nun eine Grimasse schneiden oder etwas in die Klasse rufen. Doch glücklicherweise denkt er in diesem Moment an die Wette, die er gewinnen möchte. Ob das Klopfen hilft, um sich wieder abzuregen? Oskar tut so, als suche er etwas in seiner Schultasche, und fängt an, seine Hand zu beklopfen. Die Punkte im Gesicht lässt er jetzt lieber weg und klopft dafür lieber noch

ein zweites Mal auf alle Handpunkte.

Er wird ruhiger. »Hörst du mir überhaupt zu, Oskar?«, fragt Frau Lang und klingt sauer. Oskar nickt. »Ich musste nur was schauen.« Frau Lang guckt ihn noch einmal streng an und geht dann weiter zu anderen Schülern.

Oskar und Severin schaffen es nun, sich auf das Gedicht zu konzentrieren. Ihr neues Gedicht finden sie zwar nur noch halb so lustig wie den ersten Reim, aber immerhin arbeiten sie leise genug. Severin darf anschließend das Gedicht vorlesen:

»Der Frühling macht den Garten bunter,
und die Vögel flöten munter.
Auch die Bienen summen,
nur die Hummeln brummen.«

Für alle Gedichte gibt es Applaus. Dann ist erst mal große Pause. Zum Glück! Beim Fußballspielen tobt sich Oskar aus. Und auch in den folgenden Stunden schafft er es, sich auf den Unterricht zu konzentrieren. Immer wieder legt er die Fingerspitzen aufeinander und denkt an den Kinofilm. »Ich will das schaffen!«, sagt er sich. Und tatsächlich: Oskar schafft es! Keine Grimassen, kein Lied und auch sonst nichts anderes, für das er Ärger bekommen würde.

Endlich! Die letzte Stunde ist zu Ende. »Kino! Yippie!«, ruft Oskar und läuft schnell nach Hause. Er wirft seine Schultasche in den Flur und ruft seinen Opa an. »Wann gehen wir ins Kino, Opa?«, brüllt Oskar in den Hörer.

»Donnerwetter!«, freut sich Opa Herbert. »Du hast es geschafft! Dann gehen wir direkt heute Nachmittag ins Kino.« Oskar führt ein Freudentänzchen auf. »Bekomme ich auch Popcorn und Limonade?«, ruft er. Opa lacht. »Ja, klar!«

Der Nachmittag im Kino könnte nicht besser sein: ein toller Film, viel Popcorn, Limonade und jede Menge Spaß mit Opa. Strahlend kommt Oskar am Abend nach Hause.

Oskar und die Anker der Erinnerung

Yippie! Da freue ich mich für Oskar!

In der Schule gibt Oskar einige Szenen aus dem Film zum Besten. Seine Freunde sind begeistert. Bald stehen alle aus seiner Klasse um ihn herum und wollen noch mehr von ihm sehen und hören. So macht Schule Spaß, findet Oskar und merkt nicht, dass seine Lehrerin gerade zur Tür hereingekommen ist und um Ruhe bittet. Die anderen Kinder setzen sich wieder auf ihre Plätze. Oskar jedoch wirbelt noch herum und zeigt eine lustige Filmszene. Das gibt Ärger, leider!

Auch in den folgenden zwei Wochen läuft für Oskar nicht alles rund. Einmal bekommt seine Mutter einen Anruf von Frau Lang. Danach sagt sie seufzend: »Oskar, wie willst du bloß die Klassenfahrt überstehen, wenn du dich nicht an die Regeln hältst?« »Aber ich mache das doch nicht mit Absicht. Es passiert, bevor ich es merke …«, beklagt sich Oskar.

Opa Herbert hat dann eine gute Idee: »Du könntest doch lernen, wie du dich selbst noch besser austricksen kannst und zwar, bevor es Ärger gibt.« Oskar grinst. »Genau, Opa! Ich brauche noch ein paar Tricks, um mich selbst auszutricksen.«

»Frag doch Frau Mai, wenn du morgen zu den Lernofanten gehst«, schlägt Mama vor. Ja, das ist eine gute Idee, findet Oskar.

Am nächsten Nachmittag muss Oskar sich wieder sehr beeilen, um rechtzeitig zur Gruppenstunde bei den Lernofanten da zu sein. Marie, Max und Amal sitzen schon in der Runde. »Ich brauche neue Tricks!«, ist das Erste, was Oskar sagt.

Frau Mai lächelt und nickt. »Gut, setz dich bitte erst einmal, Oskar. Wir sprechen gerade darüber, was in der Zwischenzeit bei jedem los war.«

Max berichtet von seiner letzten Mathearbeit, Marie von einem Klassenkameraden, der sie geärgert hat, und Amal von einem Erlebnis auf dem Schulweg. Dann legt Oskar los. Er erzählt von seiner Wette mit Opa, und wie er es geschafft hat, einen ganzen Schultag lang keinen Ärger zu bekommen. »Applaus!«, ruft Frau Mai und alle klatschen. Oskar strahlt. Doch dann verändert sich sein Gesichtsausdruck und er erzählt von dem Ärger, den er diese Woche in der Schule gehabt hat. »Mist!« und »Kacke!« sagen die anderen, während Oskar im Kreis herumläuft. »Ich brauche Tricks für die Klassenfahrt. Sonst gibt es Ärger …«

Frau Mai fragt: »Brauchst du ganz neue Tricks? Oder willst du dich rechtzeitig an die Tricks erinnern, die du schon kennst?« Oskar seufzt: «Ich denke immer erst an die Tricks, wenn es zu spät ist.«

»Dann geht es vor allem um das rechtzeitige Erinnern«, sagt Frau Mai. »Unser heutiges Thema heißt somit: Erinnerungs-

anker. Ein Anker hält etwas fest, zum Beispiel ein Schiff. Es ist dann gut verankert und geht nicht verloren. Ein Erinnerungsanker hilft euch, etwas Wichtiges rechtzeitig zu erinnern: Das können Rechtschreibregeln, Verhaltensregeln oder das Klopfen sein.«

Frau Mai teilt Karten und Stifte aus. »Ich lade euch ein, Ideen für Erinnerungsanker zu sammeln. Wie könnte so ein Anker aussehen? Womit könnt ihr euch selbst an etwas erinnern?«

Die Kinder machen sich ans Werk. Nach 15 Minuten liegen viele Ideenzettel auf dem Boden des Gruppenraumes. Darauf steht:

- *Zettel im Mäppchen*
- *Erinnerung auf der Hand*
- *Maskottchen in der Hosentasche*
- *Armband*
- *meine Freundin*
- *einen Fingernagel bunt lackieren*
- *Stein oder Muschel in der Hosentasche*
- *Specht auf den Arm malen*

Erinnerungsanker? Dieser Anker könnte auch Elefantenanker heißen, weil wir Elefanten nichts vergessen. Und wie ist es bei dir: Bist du ein Elefant oder vergisst du auch mal etwas?

»Wunderbar! Welcher Erinnerungsanker gefällt euch besonders gut?« Oskar springt auf und schnappt sich den Zettel »Specht auf den Arm malen«. Amal findet das Erinnerungsarmband gut, Marie den bunten Fingernagel und Max wählt den »Zettel im Mäppchen«.

»Ja, dann mal los! Jetzt könnt ihr eure Erinnerungsanker herstellen.« Frau Mai holt die Materialkiste. Marie staunt, was sie darin alles findet, sogar drei verschiedene Nagellackfarben.

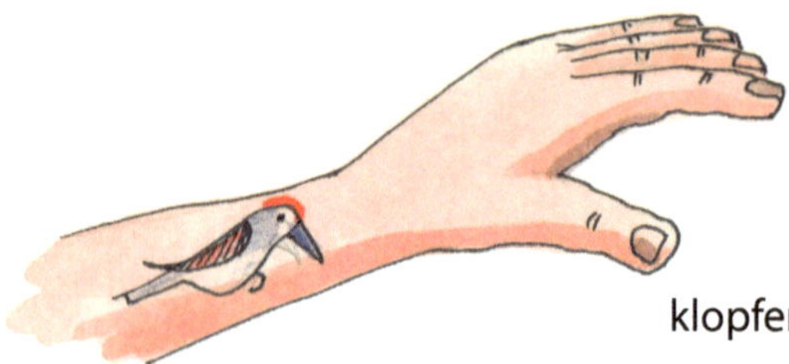

»Nicht schlecht, Herr Specht!«, ruft Oskar zufrieden, während er einen Specht auf seinen Arm malt. Der Specht soll ihn daran erinnern, rechtzeitig zu klopfen. »Klopf, klopf, klopf – auf den Kopf« schreibt Oskar deswegen noch darunter. »Du bist ja ein Reim-Künstler!«, lobt Frau Mai. Oskar grinst und malt sicherheitshalber noch eine Schnecke auf seinen Arm.

Wenig später zeigen sich die Kinder gegenseitig ihre Erinnerungsanker. »Nicht schlecht, Herr Specht!«, ruft Oskar immer wieder. Als er seinen Arm vorzeigt, rufen die anderen: »Nicht schlecht, Herr Specht!« Frau Mai lacht. »Ja, ihr seid klasse und eure Erinnerungsanker auch! Also, habt ihr genügend Tricks für heute?« Alle nicken. »Nicht schlecht, Herr Specht!«, ruft Oskar noch einmal, dann machen sich alle fröhlich auf den Nachhauseweg.

Nicht schlecht, Herr Specht! Hast du auch einen Erinnerungsanker gemalt oder gebastelt?

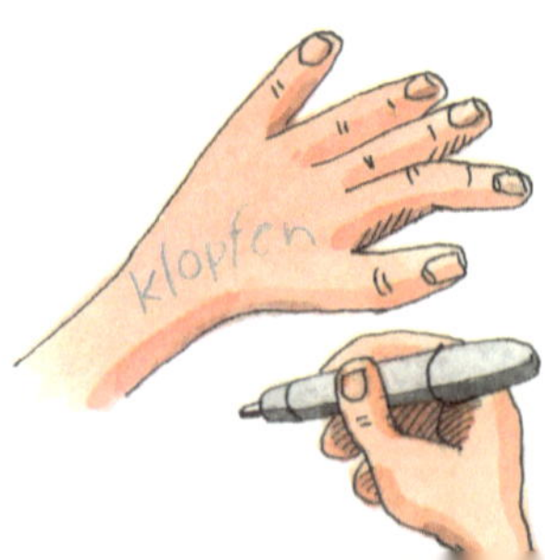

Oskar auf Klassenfahrt

Vor dem parkenden Reisebus herrscht ein großes Durcheinander. Oskar versucht, alle zu übertönen: »Ich sitze ganz hinten!« Er will gerade als Erster in den Bus einsteigen, als er von seinem Lehrer zurückgehalten wird. »Warte bitte, Oskar, bis ich euch sage, dass ihr einsteigen dürft!«, sagt Herr Kux streng.

Oskar geht zurück zu Opa Herbert. »Klopf doch einfach mal zur Beruhigung. Dann geht die Wartezeit schneller um.« Keine schlechte Idee! Oskar beginnt zu klopfen. »Lieber klopfen als sonst einen Quatsch machen, das ist auch eine gute Idee für die Jugendherberge«, rät der Opa. Oskar nickt ungeduldig. »Ich weiß, Opa!«

Oskar weiß das wirklich, denn schließlich hat er sich gut auf die Klassenfahrt vorbereitet, nicht nur mit dem Specht und der Schnecke auf seinem Arm. Seine Mutter hat außerdem mit den Lehrern vereinbart, dass sie Oskar ein Zeichen geben: Eine Hand auf seine Schulter legen bedeutet: »Achtung, da gibt es eine Regel zu beachten!«

Endlich dürfen sie einsteigen. Oskar rennt los. Er schafft es, mit Jannik, Emre und Piet die hintersten Plätze zu ergattern. Die Busfahrt ist richtig lustig. Sie singen, essen und erzählen sich Witze. Frau Lang kommt einmal schauen, ob alles in Ordnung ist. »Alles klar bei euch? Und du hast alles im Griff, Oskar?« Oskar nickt. Piet sagt: »Sonst halten wir ihn fest!« Frau Lang zwinkert mit einem Auge. »Das ist nicht verkehrt, denn ihr wisst, dass es verboten ist, im Bus herumzurennen. Und ich nehme an, ihr wollt euch nicht schon auf der Hinfahrt Ärger einhandeln.«

Alles geht gut. Oskar schafft es, bei seinen Freunden sitzenzubleiben. Nur ab und zu feuert er kleine Papierkügelchen auf andere Kinder, die weiter vorne sitzen. Das ist streng genommen auch nicht erlaubt. Aber die Lehrer drücken auch gerne mal ein Auge zu.

Der Reisebus hält auf dem Parkplatz vor der Jugendherberge. Das Chaos beim Aussteigen ist groß. Doch schließlich bringen alle ihr Gepäck auf die Zimmer. »In zehn Minuten treffen wir uns zum Austoben auf dem Spielplatz«, verkündet Herr Kux. Eine gute Idee! Denn danach schmeckt das Mittagessen allen besonders gut.

»Heute Nachmittag beginnt das Waldabenteuer«, sagt Frau Lang, als sie sich später im Aufenthaltsraum versammelt

haben. »Im Wald warten einige Aufgaben und Herausforderungen auf euch.«

Die erste Aufgabe ist gar nicht einfach, findet Oskar. Sie sollen fünf Minuten still sein und nur lauschen: Welche Waldbewohner können sie hören? Und was hören sie sonst noch?

Oskar legt die Finger aufeinander, um ruhig zu werden. Doch beim Herumschauen entdeckt er Spuren von einem größeren Tier.

Er vergisst, dass sie still sein sollen, und ruft laut: »Schaut mal hier!«

Ups! Jetzt erinnert er sich doch wieder an das Stillsein und ruft noch ein lautes »Entschuldigung!« hinterher.

Bei ihrer nächsten Aufgabe sollen sie auf Spurensuche gehen. Das ist einfach. Denn die Spur eines großen Tieres hat Oskar ja bereits gefunden. »Bestimmt war das ein Braunbär!«, vermutet er. Frau Lang schaut sich die Spuren genau an. »Kein Braunbär, aber ein richtig großes Wildschwein war hier.«

Anschließend ist es ihre Aufgabe, herumliegende Äste als Brennholz für das Lagerfeuer zu sammeln. »Sammelt auch Äste für das Stockbrot. Ihr dürft allerdings nur herumliegende Stöcke nehmen, nichts abreißen!«, sagen die Lehrer.

Das Lagerfeuer am Abend macht allen Spaß. Die Würstchen, das Stockbrot und die Marshmallows schmecken lecker. Später holt Frau Lang ihre Gitarre heraus. Sie singen fröhliche Lieder, bis der Mond und die Sterne sich funkelnd am dunklen Himmel zeigen.

Nachtruhe ist Nachtruhe!

»Nachtruhe! Alle bleiben auf ihren Zimmern!«, ermahnen die Lehrer.

›Jetzt schon ins Bett? Wie soll das denn gehen?‹, fragt sich Oskar. Er ist immer noch sehr aufgekratzt.

Oskar schlägt seinen Freunden vor, dass sie Verstecken spielen. Sie finden tolle Verstecke: In den Bädern, hinter Kommoden und an vielen anderen Orten der Jugendherberge. Gerade hockt Oskar in seinem Versteck, als plötzlich eine große Hand auf seiner Schulter landet. Oh Schreck! Herr Kux hat ihn erwischt.

»Reiß dich zusammen, Oskar! Ich möchte dich nicht noch einmal auf dem Gang erwischen. Verstanden?« Oskar nickt und verschwindet schnell auf sein Zimmer. Die Freunde beschließen, ins Bett zu gehen. Jannik fällt auf, dass er seine Zahnpasta vergessen hat. Emre auch. Piet ist immer noch am Suchen. »Wo ist denn nur meine Zahnpasta?«, fragt er und durchwühlt seine Tasche. Oskar hat seine Zahnpasta dabei, aber ausgerechnet diese schmeckt Jannik nicht. »Igitt!«, ruft Jannik und spuckt die Zahnpasta sofort wieder aus. »Warte, ich leihe Zahnpasta von den anderen«, sagt Oskar hilfsbereit und macht sich auf den Weg zu einem anderen Zimmer. Aber, so ein Pech! Dabei läuft er ausgerechnet wieder Herrn Kux in die Arme …

»Gelbe Karte! Oskar, du weißt, dass dich deine Eltern abholen müssen, wenn du gegen die Regeln verstößt.« »Aber ich wollte doch nur Zahnpasta bei den anderen ausleihen, weil Jannik seine vergessen hat, und meine mag er gar nicht«, erklärt Oskar aufgebracht und ist ganz rot im Gesicht geworden. Doch Herr Kux lässt Oskars Erklärung nicht gelten. »Nachtruhe ist Nachtruhe! Ihr habt auf euren Zimmern zu bleiben. Basta!« Oskar nickt und verzieht sich schnell auf das Zimmer. Er zittert vor Aufregung. »Hat nicht geklappt«, sagt er und lässt sich aufs Bett fallen. In diesem Moment fällt ihm etwas ein … Er überkreuzt Beine und Arme. »So kann ich keinen Quatsch mehr machen«, kommentiert er. Die anderen Jungen grinsen. Sie kennen Oskars Tricks inzwischen. »Und ich auch

Kannst du die Überkreuz-Übung noch? Zeig doch mal!

nicht«, sagt Jannik und macht mit. Emre setzt sich ebenfalls mit überkreuzten Armen und Beinen dazu. Nach einer Weile schlägt Emre vor: »Wir können uns ja im Dunkeln noch Gruselgeschichten erzählen.«

Eine tolle Idee! Schnell klettern sie in ihre Betten und machen das Licht aus. Dann erzählen sie sich richtig gruselige Geschichten. Oskar legt dabei die Fingerspitzen aufeinander und merkt, wie das Zittern bald aufhört. Irgendwann gehen den Jungen die Gruselgeschichten aus, und ruck-zuck sind alle eingeschlafen.

Am nächsten Morgen wacht Oskar früh auf. Gerade will er aus dem Bett springen und die anderen wecken, als sein Blick auf den Specht und die Schnecke fällt. »Besser nicht«, murmelt er leise und schaltet seinen MP3-Player an. Es ist erst 6.30 Uhr. Also noch Nachtruhe. Das hat er nicht vergessen! Und er weiß auch, wie er sich jetzt beschäftigen kann: Papa hat einige Hörspiele auf sein Gerät geladen. Die Idee kam von Frau Mai. Er steckt sich die Kopfhörer in seine Ohren. Die Geschichte ist wirklich spannend! Mit einem Mal stellt er fest, dass es bereits 7.15 Uhr ist. »Hey Jungs, nicht verschlafen!«, weckt er die anderen.

Im Klettergarten

Wie aufregend! Heute geht die Klasse in den Hochseilgarten. Er liegt mitten im Wald. »Wie die Eichhörnchen!«, ruft Oskar begeistert und bekommt leider nicht mit, was ihnen der Mitarbeiter des Hochseilgartens gerade erklärt.

Mist, was soll er jetzt tun? Oskar stellt sich hinten an und beobachtet, was die Klassenkameraden vor ihm machen. Ach, das ist ja doch ganz einfach, findet er. Die Kinder müssen nur darauf achten, dass sie immer mit den Karabinerhaken gesichert sind. Kurz darauf ist Oskar oben auf dem Kletterparcours. Auf den Kletterplattformen dürfen sich nur jeweils drei Kinder gleichzeitig aufhalten. Daher dauert es, bis er das nächste Stück klettern darf. Oskar geht das hier viel zu langsam. Unruhig tritt er von einem Bein auf das andere. Endlich ist er dran und löst beide Karabinerhaken gleichzeitig.

«Hey, befestige dich am Drahtseil, aber ganz flott, sonst hole ich dich da runter!«, brüllt der Mitarbeiter von unten. Oskar erschrickt. Schnell befestigt er einen Karabinerhaken am Seil. Er hätte sich besser konzentrieren müssen, als die Regeln erklärt wurden. Oskar ist wütend auf sich selbst.

Doch schon wenig später hat Oskar es raus, immer gesichert zu sein und die Karabiner an den einzelnen Stationen nacheinander umzuhängen. Konzentriert klettert er weiter. Das macht riesigen Spaß! Doch – was ist das? Ein Stau vor ihm! Ungeduldig ruft er: »Schneller da vorne!« In diesem Moment fällt ihm auf, dass Lena stocksteif und weinend auf der nächsten Plattform steht, und entsetzt nach unten starrt. Vor ihr hängen wackelnde Holzbalken, über die sie gehen soll.

Das Mädchen hinter Lena redet auf sie ein: »Dir kann nichts passieren. Du bist gesichert!« Doch jetzt kullern dicke Tränen aus Lenas Augen. Oskar schaut sich um. Der Mitarbeiter des Kletterparks ist gerade woanders beschäftigt. Die Lehrer sind auch nicht zu sehen. Sein Blick fällt auf den Specht und ihm kommt eine Idee …

Komm, wir beide zeigen der Lena auch, wie das mit dem Klopfen funktioniert!

»Lena, du kannst die Angst wegklopfen. Mach mir alles nach!« Lena dreht sich verwundert zu ihm um. Oskar lächelt sie an. »Das hilft wirklich – kein Quatsch!« Er fängt mit dem Klopfen an. »Du musst hier klopfen und hier. Genau!«, ermuntert er sie. »Und nochmal.«

Bei der zweiten Klopfrunde hört Lena mit dem Weinen auf. Sie atmet ruhiger. »Schon besser?«, fragt er. Lena nickt. »Noch mal«, sagt Oskar und klopft weiter. Nach der dritten Runde fragt er: »Und?« »Geht wieder«, sagt Lena und atmet tief ein. Dann geht sie langsam über die schwankenden Holzbalken bis zur nächsten Plattform. Die anderen Kinder klatschen begeistert. Lena strahlt.

Von unten schauen Herr Kux und Frau Lang zu ihnen hinauf. Sie trauen ihren Augen nicht: Lena klettert nun sicher und unbeschwert den Rest des Parcours zu Ende und stellt sich danach an, um noch einmal zu klettern. Kann das sein?

Ich bin jetzt ganz neugierig und frage dich: Wobei können dir diese Tricks denn eigentlich helfen?

Viel zu schnell ist die Kletterzeit zu Ende. Wie schade! Zum Trost gibt es für jeden noch eine Limonade. Dann macht sich die Klasse auf den Rückweg. Herr Kux kommt auf Oskar zu. »Ich habe gesehen, wie du Lena beruhigt hast. Das Klopfen hat ihr sehr geholfen. Du hast ja tolle Tricks auf Lager, Oskar!«

Oskar strahlt. »Klar! Ich hoffe nur, dass mir die Tricks auch helfen, um wieder in meine Schwimmgruppe zu dürfen.«

Herr Kux nickt. Er kennt die Geschichte. »Also, Oskar. Du bist auf einem guten Wege, hier eine schöne und entspannte Klassenfahrt zu schaffen. Wenn wir mal von gestern Abend absehen. Und ich finde, wenn du eine ganze Klassenfahrt schaffst, dann sollte das mit dem Schwimmtraining auch wieder klappen! Wir machen einen Deal, Oskar. Du machst weiter so bei unserer Klassenfahrt, und ich lege persönlich ein gutes Wort bei deinem Schwimmtrainer ein. Abgemacht?« Oskar nickt begeistert. »Abgemacht!«, ruft er laut.

Geisterstunde

Nach dem Mittagessen ist Oskar mit seinen Freunden auf dem Zimmer. Er erzählt ihnen von seiner Abmachung mit Herrn Kux. »Bitte helft mir und erinnert mich daran, dass ich keinen Quatsch mache!« Jannik, Emre und Piet nicken: »Notfalls halten wir dich fest, versprochen!«

Und tatsächlich wird die Hilfe seiner Freunde nötig, als die Klasse nach Einbruch der Dunkelheit zu einer Nachtwanderung aufbricht. Oskar hat nämlich die Idee, sich als Gespenst zu verkleiden und die Mädchen zu erschrecken. Er hat bereits ein weißes Bettlaken, einen Kissenbezug und zwei Taschenlampen eingesteckt. »Das ist bestimmt keine gute Idee, Oskar!«, sagt Jannik. »Aber eine Nachtwanderung ohne Gespenster ist voll langweilig«, mault Oskar. Doch Jannik schüttelt den Kopf und bleibt dabei: »Oskar, mach das besser nicht! Das gibt garantiert Ärger!«

Oskar seufzt. Es ist nicht leicht für ihn, die Gespenster-Idee wieder aufzugeben. Er betrachtet den Specht und die Schnecke auf seinem Arm. Dann klopft er auf seine Lieblingspunkte im Gesicht und am Oberkörper. Wahrscheinlich hat Jannik recht, und nicht alle fänden das Gespenst lustig. Und da ist auch noch die Abmachung mit Herrn Kux … ›Lieber keinen Ärger riskieren‹, denkt Oskar und lässt das Bettlaken und den Kissenbezug sicherheitshalber in seinem Zimmer zurück.

Auch ohne Gespenster macht die Nachtwanderung viel Spaß. Der nächste Tag im Waldmuseum ist ebenfalls spannend. Kein Wunder also, dass alle traurig sind, als sie am darauffolgenden Tag wieder nach Hause fahren. »Die Klassenfahrt war viel zu kurz!«, schreit Oskar durch den ganzen Bus. Alle Kinder stimmen zu. Die Lehrer lachen.

Vor der Schule werden sie von den Eltern und Großeltern winkend empfangen. Die Kinder beeilen sich, aus dem Bus zu kommen, und es entsteht wieder ein großes Durcheinander. Dann ist es Zeit zum Verabschieden. Herr Kux klopft Oskar auf die Schulter: »Gut gemacht, Oskar! Und weil alles so gut geklappt hat, halte ich mich an unsere Abmachung und nehme Kontakt zu deinem Trainer auf.« Oskar strahlt und macht einen Luftsprung. »Yippie!«

Zu Hause verbringt er den Abend mit seinen Eltern und Opa Herbert. Er hat sehr viel zu erzählen. Opa Herbert lacht, als Oskar erzählt, wie er es geschafft hat, kein Gespenst zu sein. »Eigentlich schade«, schmunzelt er. »Du bist bestimmt ein tolles Gespenst!«

Zwei Tage später bekommt Oskar eine richtig gute Nachricht: Er darf ab nächster Woche wieder in seine Schwimmgruppe! Und zwar erst mal nur auf Probe. Aber Oskar ist sich sicher, dass er sich jetzt besser an die Regeln im Schwimmbad erinnern wird. Das Freudentänzchen, das er aufführt, ist sehenswert. Und die ganze Klasse gibt Applaus.

»Yippie!«, ruft Oskar glücklich.

Max' Geschichte

Max kommt von der Gruppenstunde der »Lernofanten« nach Hause. Aus der Küche duftet es. Ob Papa etwas Leckeres gekocht hat? Neugierig läuft Max in die Küche und schaut in den Ofen. Ja! Es gibt seinen Lieblingsauflauf. Mit ganz viel Käse oben drauf. Lecker!

Sophie, Max' jüngere Schwester, kommt in die Küche. »Wann gibt es endlich Essen?«, fragt sie. »Noch ein paar Minuten, ihr hungrigen Löwen!«, lacht ihr Vater.

Endlich ist es so weit: Alle sitzen am Tisch und haben eine dampfende Portion des Auflaufs vor sich. »Wie war es heute bei den Lernofanten?«, fragt Mama beim Essen. Max grinst. »Wir haben etwas Seltsames gemacht. Weil Oskar aus seiner Schwimmgruppe herausgeflogen ist und so sauer war. Und da hat Frau Mai uns einen Trick gezeigt. Der hilft, wenn man stinkesauer ist.« Max klopft auf verschiedene Punkte an seiner Hand und im Gesicht. »Erst muss man hier klopfen und dann hier«, erklärt er. »Häh?«, fragt Sophie.

Papa runzelt auch die Stirn. »Schwer vorstellbar, dass es hilft«, meint er. Auch seine Mutter sieht etwas durcheinander aus. »Was hat Frau Mai denn sonst noch dazu gesagt?«, fragt sie.

»Sie hat uns ein Übungsblatt gegeben«, erzählt Max munter weiter. »Gut, das schaue ich mir nachher an«, verspricht Mama. Sophie hat inzwischen aufgehört zu essen und klopft fest auf ihre Stirn, ihr Kinn und ihren Oberkörper. Sie findet das Klopfen lustig. »Das macht Spaß!«, ruft sie. Aber Max schüttelt den Kopf. »Du machst das ganz falsch!« »Gar nicht!«, wehrt sich Sophie. »Doch!«

»Nun esst bitte erst einmal auf!«, ermahnt Papa sie. Eine gute Idee, finden beide, denn der Auflauf ist sehr lecker.

Als Max später im Bett liegt, kommt Mama zu ihm. »Ich habe mir dein Übungsblatt durchgelesen. Es klingt interessant, und das Klopfen soll sogar helfen, wenn man vor etwas Angst hat.« Max zuckt mit den Schultern. »Kann sein.« Mama gibt ihm einen Kuss. »Na, dann gute Nacht, Max!«

Eine Fünf!

Die Klasse 3a hat Matheunterricht und vor Max' Augen verschwimmt alles. Er hat gerade seine Mathearbeit zurückbekommen. In seinem Heft prangt, groß und rot, eine »Fünf«!

Schon wieder, denkt Max und möchte am liebsten weinen. Nur noch weg von hier. Entweder nach Hause oder auf den Fußballplatz. Und nie wieder Mathe machen.

Von dem Rest der Stunde bekommt Max kaum etwas mit. Seine Gedanken rennen in alle Richtungen. Anni, seine neue Tischnachbarin, schaut ihn ein paar Mal von der Seite an, aber Max reagiert nicht. Dann klingelt es endlich. Die Schule ist aus! Schneller als alle anderen packt Max seine Sachen ein und rennt nach Hause.

Seine Mutter merkt sofort, dass etwas passiert ist. »Was ist los?«, fragt sie, und Max erzählt von der Fünf. »Das ist doch kein Weltuntergang! Morgen zeigst du Frau Mai deine Arbeit. Sie hat bestimmt ein paar Ideen, wie es beim nächsten Mal besser klappt«, tröstet seine Mutter. Aber Max zuckt traurig mit den Schultern und geht mit gesenktem Kopf in sein Zimmer.

Max' Laune steigt erst, als er sich später mit den anderen Jungs auf dem Fußballplatz trifft. Gemeinsam spielen sie, als ob sie im Endspiel der Weltmeisterschaft wären. Alles andere ist vergessen, auch die Fünf.

Atemlos und verschwitzt kommt er nach Hause. Seine Mutter backt gerade ganz lecker duftende Blaubeer-Pfannkuchen. »Ich wollte dich ein bisschen verwöhnen!«, erklärt sie. »Kopf hoch, Max!«, sagt Papa und klopft ihm auf die Schulter. Und dann kommt auch Sophie angelaufen und schenkt Max ein selbstgemaltes Bild.

Trotzdem schläft Max in dieser Nacht unruhig und wacht am nächsten Morgen mit Bauchschmerzen auf. Am liebsten möchte er zu Hause bleiben. Aber das lässt Mama nicht zu und begleitet ihn bis zur Schule. Im Klassenraum begrüßt Anni ihn fröhlich. Max brummt zurück und bleibt für den Rest des Schultages stumm. Dass er ausgerechnet neben Anni, die Mathe besonders gut kann, sitzen muss … Das ärgert ihn schon.

Neues aus Frau Mais Trickkiste

Am Nachmittag klingelt Max bei den Lernofanten. »Herzlich willkommen, Max!«, sagt Frau Mai und lässt ihn hinein. »Was gibt es Neues?«

»Eine Fünf!«, sagt Max düster und schaut auf den Boden. »Ich bin einfach zu doof für Mathe!«

»Da kann ich dir nicht zustimmen, Max, denn ich finde, dass du ein schlauer Junge bist und vieles gut kannst! Komm, wir setzen uns erst mal«, sagt Frau Mai und führt ihn sanft in den Beratungsraum. Max setzt sich und starrt auf den Boden.

»Kann es sein, dass du jetzt gerade wütend auf dich selbst bist?«, fragt Frau Mai. Max nickt. »Und erinnerst du dich daran, was bei Wut hilft?«, fragt sie und fängt an, auf ihren Handrücken zu klopfen. Max nickt und klopft mit. »Denk an die Fünf in Mathe«, sagt Frau Mai. Nacheinander klopfen sie alle 16 Punkte. Max spürt seine Aufregung im Bauch. Sie wird erst noch ein bisschen größer. Aber schließlich, nach der dritten Klopfrunde, ist die Wut kleiner geworden. Max schaut Frau Mai fragend an.

»Wie ist es jetzt?«, fragt Frau Mai. »Schon besser«, antwortet Max.

Frau Mai lächelt. »Gut. Es gibt noch einen zusätzlichen Trick, Max. Dabei muss man kurbeln. Möchtest du wissen, wie das funktioniert?« Max nickt wieder.

Kurbeln macht Spaß. Magst du auch mal kurbeln? Und welchen Satz sprichst du dabei?

Auch wenn ich … noch nicht kann, kann ich vieles andere echt gut!

Tut gut, oder?

Frau Mai kreist nun mit den Fingern ihrer rechten Hand unterhalb der linken Schulter. »Fühlst du die Delle hier unter der linken Schulter? Da kurbeln wir jetzt drum herum. Im Uhrzeigersinn. Und sprechen den Satz: Auch wenn ich eine Fünf in Mathe bekommen habe, kann ich vieles andere echt gut, zum Beispiel Fußball!«

Max lächelt ein bisschen. Aber dann runzelt er wieder die Stirn. »Ein seltsamer Trick, nicht wahr?«, fragt Frau Mai. »Wollen wir ihn jetzt zusammen ausprobieren?« Max nickt und fängt an zu kurbeln. Gemeinsam sprechen sie den Satz: »Auch wenn ich eine Fünf in Mathe bekommen habe, kann ich vieles an-

dere echt gut, zum Beispiel Fußball!«

»Noch ein Satz, Max: ›Auch wenn mir Mathe weiterhin schwerfällt, mag ich mich so, wie ich bin!‹« Max nickt kaum sichtbar. »Sehr gut, du nickst!«, sagt Frau Mai. Sie sprechen den Satz gemeinsam. »Aller guten Dinge sind drei, ein dritter Satz also: ›Auch wenn ich Mathe kann und es nur noch nicht mitbekommen habe, mag ich mich so, wie ich bin.‹« Max schaut Frau Mai überrascht an. »Wie gefällt dir dieser Satz, Max?«, will Frau Mai wissen. »Eigentlich sehr gut!«, sagt Max und grinst.

Auch wenn ich ..., mag ich mich so, wie ich bin!

Was schreibst du in die Lücke hinein? Schreib es am besten in echt auf!

»Wollen wir?« Gemeinsam sprechen sie diesen Satz und kurbeln dabei. Dann schreibt Frau Mai einen Zettel. Darauf steht: »Natürlich kann ich Mathe, ich habe es nur noch nicht mitbekommen!« Sie reicht ihn Max mit den Worten: »Zur Erinnerung. Es tut dir bestimmt gut, wenn du diesen Satz drei Mal am Tag sprichst!« Max verspricht, das zu tun. Dann schaut er wieder auf den Boden. »Aber ich habe trotzdem Angst, dass ich beim nächsten Mal wieder eine Fünf schreibe …« Frau Mai nickt verständnisvoll. »Dann habe ich eine Idee für dich: Das Klopfen der 16 Punkte hilft nämlich auch sehr gut, um die Angst zu verscheuchen. Wollen wir das ausprobieren?«

Max nickt wieder. »Bitte stell dir vor, wie du die nächste Mathearbeit schreibst.« Sofort merkt Max, dass sein Herz schneller schlägt. Im Bauch drückt es.

»Wie groß ist deine Aufregung auf einer Skala von 0 bis 10? Bei 10 ist sie ganz groß, bei 5 mittel und bei 0 ganz klein.«

»Acht«, meint Max. »Okay«, sagt Frau Mai. »Dann kommt jetzt unser erster Trick: das Überkreuzen.« Gemeinsam überkreuzen sie Arme und Beine. Wie gefesselt fühlt sich Max. Aber das tut irgendwie gut.

»Unser zweiter Trick ist das Kurbeln!« Frau Mai zeigt Max noch einmal, wie das Kurbeln funktioniert. Gemeinsam sprechen sie dabei den Satz: »Auch wenn ich Angst vor der nächsten Mathearbeit habe, bin ich ein cooler Junge!«

»Und jetzt kommt das Klopfen!«, kündigt Frau Mai an. Die 16 Klopfpunkte hat Max sich merken können. Zwei Klopfrunden machen sie. Dann sagt Max, dass seine Angst vor der Mathearbeit jetzt bei »5« ist. »Wunderbar, du hast deine Angst schon kleiner geklopft! Das schaffst du zu Hause und in der Schule auch!« Max nickt. »Irgendwie komisch, diese Tricks …«, sagt er.

Frau Mai lächelt. »Da stimme ich dir voll zu! Übrigens, wusstest du, dass sich sogar schon die Babys im Bauch der Mamas im Gesicht berühren, um sich zu beruhigen?«

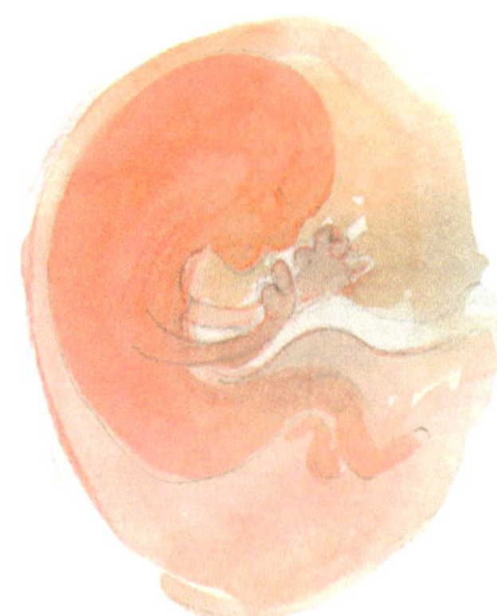

»Echt?«, fragt Max und grinst. Dann verabschiedet er sich und läuft nach Hause. Er fühlt sich so leicht, dass er einen Satz über den

Zaun im Vorgarten macht. Seine Mutter öffnet ihm die Tür. »Na, hat Frau Mai wieder einen Trick aus ihrem Hut gezaubert?« Max lacht: »Das hat sie! Ich soll klopfen und kurbeln.« »Kurbeln? Das musst du uns bitte gleich beim Abendessen erklären!«

Ich bin beeindruckt: Max hat jetzt zwei tolle Tricks: das Klopfen und das Kurbeln!

Wobei könnten dir diese beiden Tricks helfen?

Spritzen und Wespenstiche

Max zeigt Mama, wie das Kurbeln und das Klopfen funktionieren. »Ich will auch!«, sagt Sophie. Aber Max schüttelt den Kopf. »Du gehst doch noch gar nicht zur Schule. Und außerdem hast du keine Angst. Dann brauchst du auch nicht zu klopfen.« Da ist Sophie aber ganz anderer Meinung. »Doch, ich habe wohl Angst!«, sagt sie, und ihre Stimme klingt schrill wie eine Sirene.

»Wovor denn?«, fragt Max. »Vor Spritzen!«, behauptet Sophie. Max zeigt ihr einen Vogel. »Du bekommst doch gar keine!« »Doch, beim Zahnarzt!« Sophie schaut ängstlich. Da mischt sich Mama ein: »Sophie, beim Zahnarzt bekommst du keine Spritze. Die Ärztin schaut sich deine Zähne nur an.« Sophie lässt sich jedoch nicht umstimmen. »Ich habe aber trotzdem Angst!«, sagt sie trotzig.

Max steht vom Tisch auf. Kleine Schwestern können manchmal ziemlich nerven, findet er. Da geht er lieber in sein Zimmer. Sicherheitshalber knallt er die Tür hinter sich zu.

Später kommt seine Mutter zum Gute-Nacht-Sagen. »Ich fand es nicht gut, Max, dass du vorhin beim Abendessen einfach aufgestanden bist. Wir beenden das Essen doch immer gemeinsam. Aber die Sache mit dem Klopfen klingt interessant. Wollen wir das ausprobieren?«, fragt sie und schaut auf das Übungsblatt.

»Ja!«, nickt Max. In diesem Moment kommt Sophie angesaust. »Ich will mitmachen!« Max brummt: »Wenn's sein muss. Aber du musst genau das tun, was ich dir zeige. Mama, du musst sagen, wovor du Angst hast!«

»Vor Wespenstichen habe ich Angst. Das ist so unangenehm!«, meint Mama sofort.

Max nickt. Seine Gedanken wandern zu der nächsten Mathearbeit. Sofort spürt er wieder dieses Drücken im Bauch. »Was kommt jetzt, Max?«, reißt Mama ihn aus seinen Gedanken. Max überkreuzt die Beine und zeigt im Zeitlupentempo, was man mit den Händen und Armen machen soll. Oh je, das sieht komisch aus, und sie lachen gemeinsam. »Ich bin gefesselt!«, ruft Sophie begeistert.

»Beim Klopfen müsst ihr an das denken, wovor ihr Angst habt, nur dann funktioniert es«, sagt Max nun. Gemeinsam klopfen sie nacheinander alle **16 Klopfpunkte**.

Kennst du alle 16 Klopfpunkte auswendig?

Wenn ja: Du hast so ein gutes Gedächtnis wie ein Elefant! Du bist spitze!

Sophie gähnt anschließend: »Komisch ist das Klopfen.« »Ja, aber ich bin innerlich so ruhig geworden, dass ich gar nicht mehr richtig an Wespenstiche denken konnte«, meint Mama. Max lächelt stolz. »Also glaubst du, dass das Klopfen hilft, Mama?« »Ja, das tue ich!«, sagt Mama und gibt Max einen Gutenachtkuss. »Und nun können wir bestimmt alle gut schlafen. Gute Nacht, Max!«

Anni und die Spinnen auf der Schultoilette

Anni beobachtet Max aus den Augenwinkeln. Seltsam! Max klopft während des Matheunterrichts mit mehreren Fingern seiner rechten Hand auf einige Stellen an der linken Hand. Was soll das denn? Anni findet, dass sich Max besser auf die Übungsaufgaben konzentrieren sollte. Denn sonst schreibt er bei der nächsten Arbeit bestimmt wieder eine Fünf.

Sie rechnet weiter. Neugierig ist sie trotzdem noch. »Max, was hast du da eben gemacht?«, fragt sie ihn flüsternd. »Was?« »Na, dies hier …«, sagt Anni und klopft auf ihren Handrücken.

»Ich habe geklopft«, antwortet Max. »Warum?«, fragt Anni nach. »Einfach so«, sagt Max. Anni wundert sich. »Hä, spinnst du?« »Nein.« Max schaut entrüstet. »Aber warum machst du das dann?«, bohrt Anni flüsternd nach.

»Na, weil das gut ist bei den Matheaufgaben. Dann bin ich ruhiger.« Anni wundert sich und sagt: »Ach so. Das hilft?« »Ja.« »Komisch«, meint Anni. Ihre Neugier ist immer noch groß. »Hast du dir das selbst ausgedacht?«, fragt sie Max daher. »Nein, das hat mir jemand gezeigt«, sagt Max. »Wer denn?«, fragt Anni neugierig.

Nun sieht Max so aus, als würde er überlegen. »Na, die Frau Mai«, gibt er schließlich als Antwort. Anni schaut ihn fragend an. »Kenne ich nicht«, sagt sie. »Du gehst ja auch nicht zur Lernberatung«, sagt Max leise und verstummt, weil er sieht, dass andere Kinder zu ihnen herüberschauen.

»Aber hilft das Klopfen wirklich?«, fragt Anni flüsternd während der nächsten Unterrichtsstunde. »Klar, wenn man Angst hat«, erklärt Max. Das interessiert Anni. »Bei jeder Angst?«, fragt sie. »Glaub schon«, flüstert Max zurück. Anni schaut wieder zur Tafel und notiert die Hausaufgaben.

»Äh, Max …«, fragt sie in der folgenden Pause. »Hilft dieses Klopfen auch, wenn man zum Beispiel Angst vor Hunden hat?« »Bestimmt!«, ist sich Max sicher. »Und bei Spinnen?«, fragt Anni dann ängstlich.

Wenn Anni an die Spinnen denkt, die in der Schultoilette in allen Ecken sitzen, schüttelt es sie. Vor lauter Angst geht sie nicht mehr dorthin. Selbst dann nicht, wenn sie dringend muss. Sie hält ein, bis die Schule aus ist. Doch vor ein paar Wochen hat sie es leider einmal nicht geschafft, und alles ging in die Hose. Anni hat sich sehr geschämt. Einige Kinder haben sie ausgelacht. Und blöde Sachen gesagt. Manche fragen immer noch: »Anni, wann machst du wieder in die Hose?« Anni findet das gemein, aber weiß nicht, was sie tun soll. Ihren Eltern hat sie nichts erzählt, weil sie sich immer so schnell aufregen. Nun macht Anni es so, dass sie während der Schulzeit nichts trinkt, selbst dann nicht, wenn sie schrecklich durstig ist.

Ich frage mich gerade, ob das Klopfen auch bei meiner Angst vor Mäusen hilft?

Was meinst du?

»Bei Spinnen?«, überlegt Max laut. »Da hilft das Klopfen bestimmt auch. Du kannst es ja mal ausprobieren«, schlägt er vor. »Aber was ist, wenn es nicht hilft?« »Dann kannst du immer noch weglaufen«, rät Max. Anni schaut ihn ängstlich an.

Die nächste Mathearbeit

Der Wecker klingelt. Max zieht sich die Bettdecke über den Kopf und bleibt liegen. »Es ist Zeit zum Aufstehen, Max«, sagt seine Mutter kurze Zeit später. »Aber ich habe Bauchschmerzen«, jammert Max. »Du schaffst es trotzdem! Wenn du angezogen bist, klopfen wir gemeinsam. Danach fühlst du dich bestimmt besser.«

Max weiß, dass Mama recht hat. In den letzten Tagen haben sie einige Male gemeinsam geklopft. Dadurch ist die Angst wirklich kleiner geworden. Außerdem hat er jeden Tag eine Stunde Mathe geübt. Nicht immer freiwillig. Aber Frau Mai und seine Mutter haben nicht lockergelassen. »Von nichts kommt nichts, Max!«, hat Frau Mai freundlich gesagt und die nächste Aufgabe auf den Tisch gelegt. Gestern sagte sie dann: »Max, du kannst alle Aufgaben lösen und bist gut vorbereitet für die Mathearbeit!«

Meine Angst vor Mäusen ist elefantengroß: bei „neun« …

Und wie groß ist deine Angst?

Trotzdem ist das Aufstehen schwer, und Max fühlt sich schrecklich. Nicht nur die Bauchschmerzen, auch die Angst ist wieder da. »Wie groß ist sie denn?«, fragt Mama. »8 bis 9«, sagt Max und verzieht das Gesicht. Am liebsten möchte er weinen.

»Komm, wir kurbeln erst mal! ›Auch wenn ich heute doch ganz schön Angst vor der Mathearbeit habe, habe ich ganz viel Kraft.‹«

Mama kurbelt mit ihrer rechten Hand im Uhrzeigersinn den Punkt unterhalb der linken Schulter. Max macht alles mit. Dann klopfen sie nacheinander alle 16 Punkte. »Wie ist es jetzt?«, fragt Mama. »7 bis 8«, antwortet Max.

Gemeinsam klopfen sie weiter. Nach zwei weiteren Runden ist Max bei der 5.

»Okay, ein bisschen Aufregung darf bleiben. Vielleicht klopfst du vor der Arbeit noch einmal? Du kannst das ja auch auf der Toilette oder auf dem Flur machen«, schlägt Mama vor. Max nickt. Ihm fällt der tolle Satz von Frau Mai ein: »Natürlich kann ich Mathe, ich habe es nur noch nicht mitbekommen.« Der ist irgendwie lustig.

Beim Frühstück hat Max heute Morgen sogar Appetit und isst zwei Brotscheiben mit seinem Lieblingskäse. »Wir drücken dir die Daumen!«, sagen seine Eltern beim Abschied. »Viel Glück!«, wünscht auch Sophie.

Morgens vor der Schule klopfen? Das hört sich nach einer guten Idee an. Was meinst du?

Auf dem Schulweg spürt Max wieder ein Drücken im Bauch. Glücklicherweise trifft er unterwegs ein paar Klassenkameraden. Sie unterhalten sich über Fußball und einen neuen Kinofilm. Das ist eine schöne Ablenkung!

In den ersten beiden Stunden haben sie Sachkundeunterricht und sprechen darüber, wie Pflanzen Sauerstoff produzieren. Das ist ein spannendes Thema, aber Max' Gedanken schweifen ab – zur Mathearbeit. Nun schlägt sein Herz schneller, seine Hände werden feucht, seine Knie zittern. ›Mist!‹, denkt er. Doch dann hat er eine Idee. Er klopft erst den Klopfpunkt auf dem Handrücken, dann auf die Handkante und auf die Fingerspitzen. Anni fragt flüsternd: »Klopfst du wegen Mathe?« Max nickt.

Dann ist Pause. Max ist unruhig. Schließlich kommt Frau Zehner in den Klassenraum und teilt die Arbeitsblätter aus. Tapfer legt Max die Fingerspitzen aufeinander und macht die Konzentrationsübung. Dann rechnet er die erste Aufgabe. Auf einmal wird er unsicher, ob das Ergebnis stimmt. ›Ist bestimmt falsch‹, denkt er und rechnet wieder von vorne. Nun kommt er auf ein anderes Ergebnis. Was ist jetzt richtig? Unruhig rutscht er auf seinem Stuhl hin und her und schielt zu Anni herüber. Sie ist schon bei der dritten Aufgabe. Max wird noch unruhiger.

Nicht schlecht, Herr Specht! Der Max hat ja tolle Ideen: unter dem Tisch klopfen, ohne dass es jemand sieht … Ob das wohl bei dir auch klappt?

Plötzlich fällt ihm das Klopfen ein. Unter dem Tisch klopft er wieder auf die Hand. Die Punkte am Kopf lässt er weg. Dafür reibt er die Punkte unterhalb der Nase, zwischen Unterlippe und Kinn und unter dem Schlüsselbein. Frau Mai hat gesagt, dass Reiben auch funktioniert. Tatsächlich fühlt er sich jetzt etwas ruhiger. Er entscheidet sich für das zweite Ergebnis und schreibt es hin. Nun kommt die nächste Aufgabe. Das Konzentrieren fällt ihm schwer. ›Gestern hat doch alles noch gut geklappt, warum jetzt nicht mehr? Mist, Mist, Mist.‹

Von den nächsten Aufgaben kann Max ein paar lösen. Die letzten drei Aufgaben schafft er jedoch nicht mehr. Es hat bereits geklingelt, und sie müssen die Arbeitshefte abgeben. Max lässt die Schultern hängen. Hoffentlich bekommt er nicht wieder eine Fünf. Jetzt möchte er nur noch weg, nach Hause oder auf den Fußballplatz.

Endlich! Nach der Schule rennt er nach Hause und knallt seine Schultasche in den Flur. Seine Mutter schaut um die Ecke. »War's nicht gut heute?«, fragt sie. Max schüttelt den Kopf und geht wortlos in sein Zimmer. Später läuft er zum Sportplatz, auf dem seine Freunde schon kicken. »Ich bin heute der Stürmer!«, sagt Max und rennt schon los. Nach vielen Pässen und Sprints schießt Max sogar ein entscheidendes Tor. Er jubelt laut, gemeinsam mit seiner Mannschaft.

›Immerhin kann ich Fußball spielen‹, denkt Max auf dem Rückweg und kommt gut gelaunt nach Hause. Seine Mutter freut sich. »Hey, du kannst ja wieder lächeln!«

Anni will auch klopfen

»Max, zeigst du mir, wie das mit dem Klopfen geht?«, fragt Anni zwei Tage später. Max nickt und fängt sofort an: »Du musst als Erstes …« Aber Anni fällt ihm ins Wort: »Nicht hier. Die anderen schauen sonst noch und lachen.« »Okay«, nickt Max, und sie verabreden sich für den darauffolgenden Nachmittag.

Am nächsten Tag klingelt Anni bei Max. »Wir gehen in mein Zimmer«, sagt Max zu seiner Mutter und Sophie. »Kann ich mitspielen?«, fragt Sophie. Anni lächelt sie an und sagt: »Max will mir erst etwas zeigen, aber danach können wir zusammen spielen, okay?« Sophie lächelt ebenfalls und nickt.

»Deine Schwester ist ja süß!«, sagt Anni zu Max, nachdem sie die Türe hinter sich geschlossen haben. Max zuckt mit den Schultern und weiß nicht, was er darauf antworten soll. Deswegen fängt er an, Anni das Klopfen zu erklären: »Als Erstes machst du ...« Er zeigt Anni die Überkreuz-Übung, danach die Fingerberühr-Übung. Dann erklärt er das Klopfen der 16 Punkte. »Das ist alles. Die Angst verschwindet dann«, sagt Max zum Abschluss. »Hilft das Klopfen wirklich?«, fragt Anni, immer noch ungläubig.

»Wenn du es nicht glaubst, können wir es ausprobieren. Ich habe eine Spinne im Treppenhaus gesehen.« Annis Augen weiten sich. »Wirklich?«, haucht sie ängstlich. Max nickt. »Ja, wie groß ist deine Angst jetzt?« Er zeichnet einen Strich auf. An den Enden stehen eine 0 und eine 10. »Die 10 ist ganz große Angst. Die 0 ist gar keine Angst«, erklärt Max. »9 oder 10 bestimmt«, sagt Anni leise. Schon alleine der Gedanke an eine Spinne macht ihr weiche Knie.

Ohhh! Ich stelle mir gerade eine Maus vor ...
Da muss ich vor Angst zittern!

Was stellst du dir gerade vor?

Max hat eine Idee. »Los, dann stellst du dir jetzt die Spinne vor, und ich denke an die Mathearbeit, und wir klopfen zusammen«, schlägt er vor. Anni ist einverstanden. Vor lauter Aufregung hat sie einen ganz roten Kopf bekommen. Gemeinsam klopfen sie die 16 Punkte an der Hand, im Gesicht und am Oberkörper. Danach fragt Max: »Was ist jetzt mit deiner Angst?«

Anni überlegt und sagt überrascht: »Sie ist kleiner geworden!« Max grinst. »Siehst du! Es hilft!«

»Wow«, meint Anni. Dann verrät sie Max, dass sie die ganze Zeit wegen der Spinnen nicht auf die Schultoilette gegangen ist. Max nickt verständnisvoll. »Aber wenn du klopfst, kannst du doch morgen auf das Schulklo gehen.« Anni runzelt die Stirn. »Oder du übst zu Hause. Ich mache das

Ich habe geklopft, und meine Angst ist etwas kleiner geworden.

Hast du geklopft? Und was ist jetzt mit deiner Angst?

auch manchmal vor dem Schlafen«, rät Max. Anni nickt nachdenklich.

Es klopft an der Tür. Sophie fragt, ob sie nun mitspielen darf. Na klar! Zu dritt bauen sie eine große Burg aus Lego. Ein Dutzend Playmobilmännchen halten darauf Wache.

»Anni soll wiederkommen!«, sagt Sophie, nachdem Anni nach Hause gegangen ist. Das findet Max auch, aber er zuckt nur mit den Achseln und sagt: »Wenn du meinst.«

Mutprobe

»Machst du es heute, Anni?«, fragt Max am nächsten Morgen. Anni schaut unsicher. »Vielleicht, aber was ist, wenn da ganz dicke Spinnen sind?« Max beruhigt sie: »Die Spinne bei uns im Treppenhaus ist viel größer, und da bist du gestern auch einfach vorbeigegangen.« Anni guckt ängstlich. »Ich helfe dir«, bietet Max an. »Wir können hinter dem Anbau klopfen, und danach gehst du zur Toilette. Und ich warte draußen.« Anni nickt.

In der nächsten Schulstunde kann sich Anni nicht konzentrieren. Schließlich klingelt es zur großen Pause. Anni sieht blass aus. »Komm mit!«, sagt Max nachdrücklich. Die beiden rennen hinter den Anbau. »Komisch«, sagt Anni. »Ich habe Angst, aber nicht so doll wie sonst.« »Cool!«, meint Max und sagt zuversichtlich: »Wenn wir klopfen, wird die Angst bestimmt noch kleiner.«

Und so ist es dann auch. Nach drei Runden Klopfen sagt Anni: »Jetzt gehe ich!« Max begleitet sie und wartet vor dem Gebäude. Anni geht in den Vorraum der Mädchentoilette. Dort steht auch ihre Freundin Isa. »Kannst du vor der Tür stehen bleiben und aufpassen? Ich möchte nicht abschließen.« Isa nickt.

Toll, die Spinnen machen Anni nichts mehr aus!

Und ich überlege, ob ich jetzt mal zu der Maus gehe und »Guten Tag!« sage. Und was machst du?

Anni atmet noch einmal tief ein. Dann geht sie schnell in den Toilettenraum, reißt die Hose herunter und macht Pipi, so schnell sie kann. Sie schaut nur auf den Boden, um die Spinnen nicht zu sehen. ›Aber das ist ja gar nicht so schlimm‹, denkt sie mit einem Mal überrascht. Sie zieht sich wieder an, öffnet die Tür und geht heraus. »Und?«,

fragt Isa. »Alles okay«, sagt Anni und wäscht sich in aller Ruhe die Hände. »Und?«, fragt danach auch Max. »Alles gut«, erwidert Anni. »Cool!«, meint Max, und dann laufen sie zurück zum Klassenzimmer.

»Cool!«, flüstert ihr Max später noch mal zu. Anni nickt und strahlt.

Rate mal!

Frau Zehner kommt mit einem Stapel von Arbeitsheften unter dem Arm in die Klasse. Das kann nur bedeuten, dass sie heute ihre Mathearbeit zurückbekommen. Max wird nervös und spürt wieder diesen Druck im Bauch. ›Hoffentlich bekomme ich nicht wieder eine Fünf‹, denkt er und rutscht aufgeregt auf seinem Stuhl hin und her.

»Klopf doch unter dem Tisch!«, raunt Anni ihm zu. Sie hat sofort gemerkt, dass Max Angst bekommen hat. Gute Idee, findet Max und klopft einige Punkte an seiner Hand. Dann legt er die Fingerspitzen aufeinander. Schon besser!

Frau Zehner verteilt die Arbeitshefte. Sie lobt einige Kinder. Anni zum Beispiel, denn sie hat wieder eine Eins. Wie kann man nur so gut in Mathe sein, grübelt Max gerade, als Frau Zehner auf ihn zukommt und ihm das Arbeitsheft in die Hand drückt. »Das geht in die richtige Richtung«, sagt sie und lächelt ein bisschen. Dann wendet sie sich an das nächste Kind.

Max' Herz klopft schneller, als er die Seiten aufschlägt. Da: Eine Vier! Max macht vor Erleichterung leise »Puh!«.

Anni schielt in sein Heft. »Besser als beim letzten Mal, cool!

Wenn du willst, können wir mal zusammen üben«, bietet sie an. Max lächelt und nickt.

Bald ist der Schultag zu Ende. Anni sagt zu Max: »Das Klopfen hat dir Glück gebracht, und mir auch!« Sie klatschen sich ab: »Check!« Dann laufen beide fröhlich nach Hause.

Max klingelt, und seine Mutter öffnet ihm die Tür. »Mama, wir haben die Mathearbeit wieder. Rate mal, was ich habe!« Mama schaut ihn lächelnd an. »Also, so glücklich, wie du schaust, kann es auf keinen Fall eine Fünf sein, stimmt's?« Max nickt. »Weiterraten, Mama!«

»Ist es vielleicht eine Vier minus?«, fragt Mama. Max schüttelt strahlend den Kopf.

»Was, noch besser?«, staunt Mama. Max nickt stolz. »Eine Vier!«, platzt er heraus.

»Wunderbar!« Mama nimmt Max in den Arm. Dann hebt sie ihn hoch und will ihn durch die Luft wirbeln. Aber das schafft sie nicht. Jedenfalls nicht so wie Papa. Sie lachen.

Dann essen sie Nudeln mit roter Soße und zum Nachtisch einen Pudding. »Heute ist ein cooler Tag!«, strahlt Max.

Sophie beim Zahnarzt

»Heute ist ein doofer Tag!«, sagt Sophie und fängt an zu weinen. »Was ist denn jetzt los?«, fragt Max. »Ich muss zum Zahnarzt. Da bekomme ich bestimmt eine Spritze«, weint Sophie weiter.

»Das ist doch nur eine Untersuchung. Mehr nicht«, reden Max und Mama auf Sophie ein. Aber Sophie glaubt ihnen nicht. »Lisa hat aber gesagt, dass der Doktor ganz fest gedrückt hat. Und dann hat er mit ihr geschimpft und ihr eine Spritze gegeben«, weint Sophie.

Mama nimmt Sophie auf den Schoß. Da hat Max eine Idee: »Klopft doch einfach. Das hat der Anni bei den Spinnen auch geholfen.«

»Gute Idee!«, sagt Mama und fängt an zu klopfen. Sie klopft den ersten Punkt auf dem Handrücken. Sophie klopft jetzt auch. Nach zwei Klopfrunden hört sie auf zu weinen. Und nach drei Klopfrunden hat sie keine Lust mehr zu klopfen. Sie rutscht vom Schoß. »Wann gehen wir eigentlich, Mama?« Nun klingt Sophie nicht mehr ängstlich.

Bald darauf sitzen sie im Wartezimmer der Zahnarztpraxis. Sophie holt sich ein Bilderbuch und Mama liest es vor. Von nebenan hören sie mit einem Mal ein Bohren. Sophie kann sich nun nicht mehr auf das Buch konzentrieren. Sie schaut ängstlich. Mama beruhigt sie: »Bei dir guckt die Zahnärztin nur nach, ob alles in Ordnung ist.«

Aber Sophie hat trotzdem Angst und verzieht das Gesicht zum Weinen. »Komm, wir klopfen noch mal!«, sagt Mama und fängt sofort an, auf den Handrücken zu klopfen. »Erinnerst du

dich, wie es weitergeht?« »Ja!«, sagt Sophie und klopft den Handkanten-Punkt. Ein paar andere Leute im Wartezimmer schauen neugierig herüber. Aber Sophie und ihre Mutter klopfen einfach weiter.

Dann flüstert Sophie: »Aufhören, Mama!« »Okay«, flüstert ihre Mutter zurück und liest wieder leise aus dem Bilderbuch vor. Kurz danach werden sie von einer freundlichen Ärztin in das Behandlungszimmer gerufen. Sie erklärt Sophie genau, was sie machen wird. Sophie nickt. Die Ärztin bittet Sophie, den Mund zu öffnen, damit sie sich ihre Zähne genau anschauen kann. »Du hast ja den ersten Wackelzahn! Dann kommst du sicher bald in die Schule, oder?«, fragt die Zahnärztin lächelnd. Sophie nickt stolz.

»Fertig! Alle Zähne sind gesund. Versprichst du mir, dass du deine Zähne weiterhin gründlich putzt und regelmäßig zur Kontrolle kommst?« Sophie nickt. Dann verabschiedet sie sich fröhlich.

»Das war baby-einfach!«, sagt sie nachher zu ihren Eltern und Max. »Sag ich doch!«, grinst Max.

Am nächsten Tag sitzt Sophie in der Morgenrunde ihrer Kita-Gruppe. Sie erzählt stolz von dem Zahnarztbesuch und wie sie die Angst weggeklopft hat. Frau Mehrlein, die Erzieherin, lobt Sophie dafür. Dann macht sich die ganze Gruppe auf den Weg zum Spielplatz. Plötzlich kommt ihnen ein freilaufender Hund entgegen. Sophie sieht, dass Frau Mehrlein einen Satz zur Seite macht und ängstlich »Hau ab!« ruft.

»Hast du Angst vor Hunden?«, fragt sie Frau Mehrlein. Die nickt. »Das ist ja komisch«, meint Sophie. »Die tun doch gar nichts!« Doch Frau Mehrlein sagt: »Die meisten tun nichts, aber trotzdem habe ich Angst.«

Ob wohl auch jemand vor kleinen Elefanten Angst hat?

Was meinst du?

Sophie überlegt einen Moment. Dann sagt sie: »Wenn du willst, zeige ich dir, wie das Klopfen geht. Dann haut die Angst bestimmt ab!« Sie zeigt Frau Mehrlein alle 16 Klopfpunkte und rät ihr: »Du kannst das zu Hause üben.« Frau Mehrlein nickt. »Danke, Sophie!«

Wie geht es eigentlich den anderen Lernofanten?

Max kommt vom Fußballspielen nach Hause. »Zieh die Schuhe und das Trikot vor der Türe aus, bitte, du siehst fürchterlich aus!«, sagt seine Mutter, als sie ihm die Tür öffnet. Max schaut an sich herunter. Mama hat recht. Heute hat es pausenlos geregnet. Trotzdem wollten alle Jungen Fußball spielen. Nun ist er von oben bis unten mit Schlammspritzern übersät.

»Iiieeh«, ruft Sophie, als sie ihn sieht.

Nach der Dusche kommt Max in frischen Anziehsachen in die Küche. Sophie erzählt ihren Eltern gerade, dass Frau Mehrlein Angst vor Hunden hat. »Ich habe ihr deswegen das Klopfen beigebracht!«, sagt sie stolz.

Max grinst. »Cool. Erst habe ich geklopft wegen Mathe, dann hat Mama wegen den Wespen geklopft, Sophie wegen dem Zahnarzt, dann die Anni wegen den Spinnen. Und jetzt klopft Frau Mehrlein wegen den Hunden. Eigentlich bist du jetzt dran, Papa. Wovor hast du denn Angst?«

Papa lacht. »Du hast recht, Max. Ich habe auch eine Angst – nämlich, wenn ich im Flugzeug sitze. Ab und zu muss ich für die Firma verreisen. Dann ist es mir peinlich, wenn die Kollegen mitbekommen, dass ich im Flugzeug

Schweißausbrüche bekomme und bloß hoffe, dass der Flug schnell vorbei ist.«

»Aha«, sagt Max. »Dann kannst du ja das nächste Mal vor dem Fliegen klopfen, Papa!«

»Gute Idee, Max, das werde ich probieren«, sagt Papa und klopft Max auf die Schulter.

Als Max später im Bett liegt, denkt er an die anderen Lernofanten-Kinder. Viele Fragen schwirren durch seinen Kopf: Wie geht es Oskar bei der Klassenfahrt? Funktioniert sein Erinnerungs-Specht? Und wie geht es Marie und Amal? Ob sie auch schon geklopft haben?

Max fällt ein, dass am nächsten Mittwoch wieder eine Gruppenstunde bei den Lernofanten stattfindet. Gut, dann kann er sie dort ja fragen, denkt er noch, bevor er schließlich einschläft.

Ich bin auch schon ganz neugierig, wie es mit den Lernofanten-Kindern weitergeht!

Du auch?

Maries Geschichte

Marie auf Hannibal

»Marie, heute reitest du auf Hannibal, unserem größten Pony!«, sagt die Reitlehrerin und blinzelt Marie zu. »Aber …«, fängt Marie an und wird ganz rot im Gesicht. »Du schaffst das! Hannibal ist ein ganz Braver!«, unterbricht die Reitlehrerin sie.

Aber Marie ist sich da nicht so sicher. Denn Hannibal ist viel größer als alle Ponys, auf denen sie bisher geritten ist. Oh je!

Die Reitlehrerin drückt ihr das Halfter und den Strick in die Hand. »Hol ihn dir aus der Box. Dann Striegeln und Aufsatteln, so wie immer«, sagt sie knapp und wendet sich einem anderen Kind zu. Marie geht langsam durch die Stallgasse. Ob ihr jemand helfen kann? Da hinten ist der Pferdepfleger. Aber sie traut sich nicht, ihn anzusprechen.

Nun steht sie vor Hannibals Box. »Hallo Hannibal, heute reite ich auf dir«, sagt sie leise.

Ängstlich schiebt sie die Tür auf. Dann muss sie sich sehr recken, um Hannibal das Halfter anzulegen. Endlich, es hat geklappt! Marie führt Hannibal mit zittrigen Knien auf den Hof und bindet ihn fest.

Beim Striegeln verschwindet ihre Angst allmählich. Hannibal ist wirklich ganz brav. Es scheint ihm zu gefallen, dass Marie sein Fell bürstet.

Trotzdem ist sie aufgeregt, als sie schließlich in den Sattel steigt. Hui, ist das hoch! Der Boden ist so viel weiter entfernt als sonst. ›Hoffentlich falle ich nicht herunter!‹, denkt sie.

Die Reitstunde beginnt. Marie gibt Hannibal das Zeichen zum Losgehen. Er reagiert auf den sanften Schenkeldruck und trottet los. Auf ihr Zeichen beginnt er zu traben. Hannibal lässt sich lenken, wohin Marie möchte. Die Reitstunde läuft so gut, dass Marie sich sogar traut, eine Runde mit Hannibal zu galoppieren. »Sehr gut, Marie!«, lobt die Reitlehrerin.

Glücklich gleitet Marie aus dem Sattel. »Mama, Hannibal ist mein neues Lieblingspony!«, sagt Marie und strahlt ihre Mutter an. »Er ist zwar sehr groß, aber richtig lieb«, erzählt sie weiter. »Toll, Marie!«, freut sich Mama. Marie nickt stolz.

Am Abend liest ihr die Mutter eine Geschichte aus einem Pferdebuch vor. »Schau mal, das Mädchen in der Geschichte ist auch ganz mutig. So mutig wie du, als du heute auf Hannibal gestiegen bist!«, sagt Mama.

Aber Marie schüttelt den Kopf. »Warum schüttelst du den Kopf, Marie?«, will ihre Mutter wissen.

»Ich bin gar nicht mutig!«, sagt Marie und schaut nun gar nicht mehr glücklich aus. Sie verzieht das Gesicht und fängt an zu weinen. »In der Schule … das Diktat … alles falsch ...«

Mama nimmt sie in den Arm. »Es wird bestimmt besser, Marie. Übung macht den Meister. Du lernst ja fleißig bei den Lernofanten. Da brauchst du wirklich keine Angst mehr zu haben!«

Marie nickt ein kleines bisschen. Aber die Angst ist immer noch da. Sie nimmt ihren Kuscheltiger ganz fest in den Arm. ›Wäre ich doch auch ein Tiger …‹, denkt sie.

Die Lernofanten treffen sich wieder

Marie macht sich auf den Weg zu der Gruppenstunde bei den Lernofanten. Sie möchte heute ein Thema vorschlagen. ›Hoffentlich traue ich mich!‹, denkt sie.

Max und Amal sind schon da und begrüßen Marie fröhlich. »Jetzt fehlt nur noch Oskar, aber der kommt bestimmt wieder zu spät!«, kichert Amal. Frau Mai kommt in den Raum. »Oskar ist auf Klassenfahrt. Erinnert ihr euch an die Erinnerungsanker, die wir gebastelt haben? Der Specht auf seinem Arm soll Oskar helfen, sich rechtzeitig an die Regeln zu erinnern. Drücken wir ihm die Daumen, dass es gut klappt!« Alle nicken. »Nicht schlecht, Herr Specht!«, ruft Amal.

Frau Mai lächelt. »Und nun bin ich neugierig: Wie gut haben eure Erinnerungsanker funktioniert?«

Max erzählt von seinem Zettel im Mäppchen. »Der ist noch da, aber ich schaue nicht mehr so oft drauf.« Marie zeigt den neu lackierten Fingernagel und wird ein bisschen rot, als Frau Mai sie dafür lobt. Amal hat ihr Armband zu Hause vergessen. »Aber ich weiß, wo es ist!«, sagt sie.

Toll, dass du dich traust, Marie!

»Gut, dann schauen wir jetzt, worüber wir heute sprechen. Wer hat ein Thema für uns mitgebracht?«, fragt Frau Mai nun.

Max und Amal sagen nichts. Marie hebt schüchtern den Arm.

Frau Mai nickt ihr aufmunternd zu. »Wir schreiben ein Diktat … und ich habe Angst davor«, sagt Marie leise. »Dann sprechen wir heute über das Angsthaben«, sagt Frau Mai freundlich. »Jeder fürchtet sich mal vor etwas. Erwachsene übrigens ganz genauso wie Kinder. Ich habe zum Beispiel Angst vor Gewittern. Andere haben Angst vor Spinnen oder vor dem Alleinsein. Und manche haben eben Angst vor einer Deutscharbeit.«

Max hört auf, mit den Beinen zu wackeln und sagt ernst: »Oder vor der Mathearbeit.«

Frau Mai lächelt. »So ist das. Jeder weiß, wie es ist, Angst zu haben.« Sie steht auf und teilt Karten und Stifte aus. »Was haltet ihr davon, wenn wir als Erstes sammeln, welche Ängste ihr schon mal gespürt habt? Anschließend zeige ich euch einen Trick gegen die Angst. Einverstanden?«

Welche Ängste kennst du noch?

Alle nicken. Max greift sofort nach seinem Stift. Er weiß genau, wovor er Angst hat: vor schweren Matheaufgaben und schlechten Noten, davor, dass andere Kinder ihn auslachen, und vor Felix, weil der alle haut. Er schaut sich um. Haben die anderen auch so viel aufgeschrieben?

KLOPFEN

Marie schreibt noch. Ihr Gesicht ist ganz rot. »Dicktat«, »eine 5 bekomen« und »Patrick« steht nun auf ihren Karten. Amal kaut auf ihrem Stift und denkt nach, schließlich schreibt sie: »Einbrächer« und »in der Nacht«.

»Nun – es gibt einen Trick, wie ihr die Angst verjagen könnt. Und das Tolle ist: Ihr kennt ihn schon, wetten?«, sagt Frau Mai und grinst.

Alle schauen ratlos. Doch dann hat Max eine Idee. »Das Klopfen?«, fragt er und grinst ebenfalls. »Richtig, Max! Magst du kurz erzählen, wie das war, als du geklopft hast?«

Max erzählt, wie er in der Mathearbeit geklopft hat. »Ich habe dann eine Vier bekommen!«, sagt er stolz. Er erzählt, wie er Anni das Klopfen gezeigt hat. »Sie hatte Angst vor Spinnen«, grinst er. »Iiieh! Ich habe auch Angst vor Spinnen!«, ruft Amal. »Dann klopf doch auch, wenn du eine siehst. Der Anni hat es jedenfalls geholfen!«, rät Max. »Und meiner Schwester auch, als sie zum Zahnarzt musste.«

Au ja!
Die Angst wegklopfen!
Da mache ich wieder mit. Du auch?

Frau Mai nickt. »Genau, Klopfen ist nämlich ein guter Trick bei Ängsten. Wollen wir nun gemeinsam die Angst wegklopfen?«, fragt Frau Mai in die Runde. Alle nicken.

»Okay, los geht's! Schließt kurz die Augen und denkt an das, wovor ihr besonders viel Angst habt!« Sie steht auf und legt ein Seil auf den Boden. Dann legt sie kleine Zettel mit den Zahlen von 0 bis 10 neben das Seil. »Dies ist unsere Skala«, erklärt sie. »Mit ihr können wir messen, wie groß eine Angst ist. »0« heißt überhaupt keine Angst und »10« heißt riesengroße Angst und es gibt natürlich noch viele Zahlen dazwischen. Die »5« heißt zum Beispiel »mittelmäßig groß«. Wie groß ist eure Angst? Wenn ihr eine Zahl im Kopf habt, hebt bitte die Hand.«

Nacheinander heben die drei Lernofanten-Kinder ihre Hand. »Los geht's!«, sagt Frau Mai nochmals und überkreuzt Arme und Beine. »Das ist die Überkreuz-Übung. Ihr kennt sie schon.« Die Kinder schaffen es diesmal auf Anhieb, und es sieht lustig aus, wie sie da so verknotet sitzen. Marie findet es irgendwie auch gemütlich.

Dann legen sie die Fingerspitzen aufeinander und atmen tief ein und aus. »Das ist die Fingerberühr-Übung«, erklärt Frau Mai.

Jetzt reibt Frau Mai einen Punkt unterhalb der linken Schulter. »Fühlt ihr diese Vertiefung hier? Wir kurbeln um diese Vertiefung drum herum, und zwar im Uhrzeigersinn. Sprecht mir bitte nach: »Auch wenn ich diese Angst habe, mag ich mich so, wie ich bin!« Die Kinder kurbeln und sprechen gleich zwei Mal hintereinander so, wie Frau Mai es ihnen vorgemacht hat.

»Gut, nun denkt bitte an das, was euch Angst macht!« Frau Mai fängt an, auf ihren Handrücken zu klopfen. Dann auf die Handkante und die Fingerspitzen. Amal kichert. Sie findet, dass es einfach komisch aussieht, dieses Klopfen.

Frau Mai klopft nun zwischen den Augenbrauen. »Denkt bitte weiter an eure Angst, das ist wichtig«, sagt sie dabei. Dann geht es weiter mit der Augenbraue, der Schläfe, unter dem Auge, unter der Nase, zwischen Unterlippe und Kinn. Und danach beklopfen sie die Punkte am Oberkörper. Das Klopfen auf die Rippen findet Marie besonders lustig.

»Was ist nun mit eurer Angst passiert?«, fragt Frau Mai. »Kleiner geworden«, sagt Max. »Ein bisschen kleiner«, sagt Marie leise. Amal nickt.

»Zeit für eine Zwischenentspannung! Ich mach euch das wieder vor, und ihr könnt es nachmachen!« Frau Mai klopft auf den Handrücken und schließt die Augen. »Augen zu?«, fragt Amal und kichert. »Dann können wir doch nicht mehr sehen, wie es weitergeht …« Alle Kinder lachen und Frau Mai stimmt ein. »Da hast du recht, Amal! Wir machen die Augen nur ganz kurz zu und dann gleich wieder auf. Klopft bitte weiterhin auf den Handrücken!«

Es wird immer seltsamer, findet Marie. Denn nun sollen sie die Augen erst rechtsherum und anschließend linksherum kreisen lassen. Hui, das ist ein komisches Gefühl. Dann sollen sie eine Melodie summen. Marie summt »Alle meine Entchen«, weil ihr nichts anderes einfällt. Max summt »O Tannenbaum!«, obwohl es längst nach Ostern ist. Amal kichert und summt »In der Weihnachtsbäckerei«. Frau Mai lacht.

»Nun bitte von 7 rückwärts zählen«, sagt Frau Mai. »7, 6, 5, 4, 3, 2, 1, 0.« Anschließend summen sie noch einmal eine Melodie. Dann noch einmal tief Luft holen und kräftig ausatmen. Dann sind sie fertig mit der Zwischenentspannung.

Ein neuer Trick? Die Zwischenentspannung probiere ich aus!

Machst du mit?

Zwischenentspannung

Mit diesem Trick entspannst du dich nach einer oder zwei Klopfrunden. Nach der Zwischenentspannung kannst du dann weiterklopfen, wenn dein lästiges Gefühl noch nicht klein genug geworden ist.

Der Punkt auf dem Handrücken wird dabei fortlaufend beklopft, während man Augenbewegungen macht, summt, zählt und wieder summt. Also wie hier abgebildet:

1. *Augen zu*

2. *Augen auf*

3. *nach unten rechts schauen*

4. *nach unten links schauen*

5. *Augen rechtsherum kreisen*

6. *Augen linksherum kreisen*

7. *eine Melodie summen*

8. *von 7 an rückwärts zählen*

9. *eine Melodie summen*

Ich bin ganz froh: Meine Angst ist auch kleiner geworden! Bald muss ich vor Mäusen nicht mehr davonlaufen.

Und wie ist es bei dir?

»Echt lustig, hier!«, findet Amal. Max und Marie nicken begeistert. »Ich habe die Angst fast vergessen!«, lacht Max. »Ja, das passiert manchmal!«, bestätigt Frau Mai. »Was ist jetzt mit eurer Angst, Marie und Amal?« »Kleiner geworden«, sagt Amal und Marie nickt.

»Also, liebe Lernofanten-Kinder«, sagt Frau Mai dann. »Denkt am besten vor der nächsten Klassenarbeit an das Klopfen. Ich gebe euch die Anleitung mit all unseren PEP-Tricks noch einmal mit. Habt ihr genug Tricks für heute?« Alle nicken und packen ihre Sachen zusammen. Amal summt immer noch »In der Weihnachtsbäckerei«.

Marie kommt fröhlich nach Hause. »Wir haben geklopft, weil das hilft, wenn man Angst hat«, erzählt sie und zeigt ihrer Mutter das Klopfen und Kurbeln. Ihre Mutter probiert beides aus und sagt: »Erstaunlich, mich beruhigt das irgendwie. Jetzt kann ich mir auch gut vorstellen, dass dir diese Tricks in der Schule helfen.«

Marie nickt und nimmt sich fest vor, morgen in der Schule zu klopfen. ›Vielleicht klopft Amal ja mit‹, denkt sie.

Mer, Meer oder Mehr?

Am nächsten Vormittag hat die Klasse 2a Deutschunterricht. Frau Schiller kündigt an: »Heute machen wir ein Übungsdiktat. Nachher könnt ihr selbst kontrollieren, welche Worte ihr richtig geschrieben habt und welche ihr noch üben müsst …«

›Oh je!‹, denkt Marie und wird vor Aufregung ganz rot im Gesicht.

Patrick zeigt mit dem Finger auf sie und lacht: «Marie ist knallrot im Gesicht!« Nun schauen alle zu ihr. Marie wird furchtbar heiß im Gesicht. Sie möchte am liebsten im Boden versinken.

Ich werde auch manchmal ganz rot im Gesicht, wenn ich aufgeregt bin.

… Ist das bei dir auch so?

Da steht Frau Schiller auch schon neben Marie und legt ihr eine Hand auf die Schulter. Zu den anderen, die gelacht haben, sagt sie: »Es ist unfair, andere Kinder auszulachen! Wenn ich das noch einmal sehe, dann bekommen alle, die gelacht haben, eine Sonderhausaufgabe. Und ich verspreche, dass euch diese Aufgabe keinen Spaß machen wird!« Nun lacht keiner mehr.

»Schlagt jetzt bitte eure Übungshefte auf!«, sagt Frau Schiller. Amal, die in der Reihe vor Marie sitzt, dreht sich zu Marie um und flüstert: »Denk an deinen Trick!« Marie nickt dankbar und fängt unter dem Tisch an, die Punkte auf ihrer Hand zu beklopfen. Zuerst zittert ihre linke Hand noch, doch dann wird es immer weniger.

Das Diktat beginnt. Marie versucht, sich daran zu erinnern, ob es »Bot« oder »Boot« geschrieben wird. Sie glaubt, dass es mit zwei »o« richtig ist. Aber heißt es »Mer«, »Meer« oder »Mehr«? Schließlich schreibt sie »am mehr ist es schön«. ›Hoffentlich ist das richtig!‹, denkt Marie und versucht, sich auf den nächsten Satz zu konzentrieren.

Nach dem Übungsdiktat teilt ihnen Frau Schiller den Text aus. Nun sollen sie vergleichen, ob sie alles richtig geschrieben haben. Marie ist wieder aufgeregt. Unter dem Tisch fängt sie an zu klopfen, während sie auf den Text starrt. Dann unterstreicht sie die Wörter, die sie falsch geschrieben hat.

Amal vor ihr stöhnt: »Bin ich doof! Oh nein, das ist ja auch falsch!« Sie dreht sich zu Marie um. »Und bei dir?«, fragt sie. Marie zuckt mit den Achseln. Kim, ihre Sitznachbarin, schaut auf Maries Blatt. »Boah, hast du viel falsch!«, sagt sie laut. Marie wird sofort ganz rot im Gesicht. Patrick zeigt wieder mit dem Finger auf sie und grinst.

Frau Schiller bekommt davon leider nichts mit, weil sie vorne an der Tafel steht und gerade etwas aufschreibt. Aber Amal hat es gesehen und zeigt Patrick einen Vogel. Der streckt ihr die Zunge heraus. Maries Gesicht ist immer noch rot, und sie fühlt sich ganz klein. Am liebsten will sie ganz verschwinden.

Nun dreht sich Frau Schiller wieder zu ihnen um. »Übt den Text zu Hause und prägt euch die richtige Schreibweise ein. Am Montag schreiben wir das richtige Diktat.«

Die Schule ist zu Ende. Marie packt ihre Sachen in Windeseile ein und macht sich auf den Heimweg. Sie möchte mit niemandem mehr sprechen, noch nicht mal mit Amal.

Zu Hause deckt ihre Mutter gerade den Mittagstisch. Sie hat nach der Arbeit eine Pizza von der kleinen Pizzeria »Mamma Mia« mitgebracht. »War das ein Stress heute«, seufzt sie.

Schweigend sitzen sie am Mittagstisch und essen die Pizza. Marie möchte nicht, dass sich ihre Mutter Sorgen macht, deshalb erzählt sie nichts von dem Übungsdiktat. Aber auf einmal fällt ihr etwas Schönes ein. »Ich freue mich aufs Reiten«, sagt sie. Ihre Mutter lächelt: »Das wird bestimmt wieder ganz toll!«

Eine Stunde später drückt sich Marie an Hannibals Hals. Sie flüstert ihm ins Ohr: »Du bist so lieb. Kann ich dich nicht mal mit in die Schule nehmen? Dann kannst du Patrick in den Popo beißen. Der lacht mich immer aus!« Hannibal schnaubt,

und Marie ist sich sicher, dass er sagen will: »Wenn der so doof zu dir ist, dann beiße ich ihn gerne mal in den Popo!«

Die Farbe »Rot«

Marie geht heute zu einer Einzelstunde bei Frau Mai. »Was gibt es für Neuigkeiten, Marie?«, fragt Frau Mai. Marie schaut auf den Boden und sagt: »Da sind welche in meiner Klasse, die lachen mich aus.« Sie erzählt, was passiert ist. »Wie unfair von den Kindern!«, sagt Frau Mai. »Du bist jetzt bestimmt wütend auf sie, oder?« Marie nickt.

Au ja, alle Tricks nacheinander, da mache ich mit! Hast du auch Lust darauf?

Achtung, fertig, los!

»Gut, dann nutzen wir mal all unsere Tricks! Bist du bereit, Marie?«, fragt Frau Mai. Zuerst machen sie die Überkreuz-Übung. Marie fühlt sich wieder sehr wohl, als sie mit überkreuzten Armen und Beinen ganz ruhig auf ihrem Stuhl sitzt. Dann machen sie die Fingerberühr-Übung.

»Jetzt kommt das Kurbeln! Bitte sprich mir nach: Auch wenn mich andere Kinder auslachen, mag ich mich so, wie ich bin.« Doch Marie schüttelt den Kopf. »Ich mag mich aber gar nicht!«

»Oh!«, sagt Frau Mai. »Wann magst du dich vielleicht ein kleines bisschen?« Marie überlegt und wird etwas rot im Gesicht. Dann sagt sie: »Wenn ich zu Hause bei Mama bin oder bei Hannibal im Reitstall«, sagt Marie schüchtern.

»Aha, du magst dich also, wenn du bei Mama oder bei Hannibal bist. Und die beiden mögen dich immer, nehme ich an – egal, wo du gerade bist. Richtig?« Marie nickt. »Wie gefällt dir dieser Kurbel-Satz: Auch wenn andere Kinder mich auslachen, mag ich mich manchmal, und Mama und Hannibal mögen mich immer so, wie ich bin!?« Marie lächelt und spricht den Satz nach. Gemeinsam kurbeln sie kräftig im Uhrzeigersinn.

Danach schaut Marie jedoch immer noch unglücklich aus. »Marie, kann es sein, dass du noch über etwas anderes unglücklich bist?« Marie nickt. »Immer werde ich rot. Ich mag das nicht.«

»Dann lass uns noch mal kurbeln: Auch wenn ich manchmal rot werde, mag ich mich manchmal, und Mama und Hannibal mögen mich immer – so, wie ich bin.« »Aber das Doofe ist, dass ich noch roter werde, wenn die anderen mich auslachen …«, sagt Marie und schaut verzweifelt.

»Auch wenn ich immer roter und roter werde, wenn die anderen mich auslachen, mag ich mich manchmal, und Mama und Hannibal mögen mich immer – so wie ich bin«, schlägt Frau Mai vor. Sie kurbeln gemeinsam. Weiter geht es mit dem nächsten Kurbel-Satz:

»Auch wenn ich sauer auf mich selbst bin, weil ich immer roter und roter werde, wenn andere mich auslachen, mag ich mich manchmal, und Mama und Hannibal mögen mich immer so, wie ich bin.« Frau Mai schaut Marie fragend an: »Wie ist das eigentlich, Marie: Kannst du nicht anders oder willst du nicht anders, wenn du rot wirst?« Maries Augen füllen sich mit Tränen: »Es passiert einfach. Aber ich will das nicht!«

»Ach so. Und wenn es einfach so passiert, kannst du dann etwas dafür?« Marie schüttelt den Kopf. »Okay. Wenn du nichts dafürkannst, dass du rot wirst, könntest du dir vielleicht verzeihen? Dafür gibt es den ›Ich-verzeihe-mir-Trick‹. Willst du wissen, wie er funktioniert?« Marie nickt.

Das mache ich der Marie einfach nach … Ich verzeihe mir dafür, dass ich immer noch ein bisschen rot werde, wenn ich eine Maus sehe.

Wofür möchtest du dir verzeihen?

Frau Mai klopft mit dem rechten Zeigefinger auf die Fingerspitze des linken Zeigefingers. Dabei sagt sie: »Und jetzt verzeihe ich mir volle Pulle, weil ich weiß, dass ich nichts dafürkann, wenn ich rot werde!« Anschließend hebt sie den rechten Arm und sagt: »Und dazu stehe ich jetzt!«

Marie guckt verdutzt. Frau Mai lächelt. »Magst du das nachmachen und schauen, was passiert?« Marie zögert, aber fängt dann auch an, auf den linken Zeigefinger zu klopfen. »Und jetzt verzeihe ich mir, weil ich weiß, dass ich nichts dafürkann, wenn ich rot werde«, sagt sie leise. »Und dazu stehe ich jetzt!« Sie lächelt ein bisschen.

»Fantastisch! Wir machen es gleich nochmal!«, sagt Frau Mai. Jetzt spricht Marie mit etwas lauterer Stimme: »Und jetzt verzeihe ich mir volle Pulle dafür, dass ich manchmal rot

werde. Und dazu stehe ich jetzt!«
Sie lächelt.

»Der Trick scheint zu funktionieren! Du lächelst …«, stellt Frau Mai lachend fest. Dann schaut sie Marie an. »Mir fällt auf, dass du eine rote Hose trägst, und dein T-Shirt hat auch rote Streifen. Wie findest du die Farbe Rot eigentlich?«

Marie strahlt: »Das ist meine Lieblingsfarbe! Und Mama sagt, dass mir Rot gut steht.«

»Und welche Farbe magst du gar nicht gerne?«, will Frau Mai wissen. »Blau!«, antwortet Marie, ohne nachzudenken.

Frau Mai lächelt. »Oh, dann hast du ja richtig Glück, Marie, dass du rot im Gesicht wirst. Und nicht blau. Immerhin gefällt dir Rot und es steht dir auch.«

Was meinst du: Steht mir Blau?

Marie stutzt, dann lacht sie. Frau Mai stimmt ein. »Wie gefällt dir der folgende Satz: ›Ich werde rot, wann ich es will, weil Rot meine Lieblingsfarbe ist‹?

»Gut«, sagt Marie lächelnd. Frau Mai

Mein cooler Satz heißt: Ich bin fast zweihunderttausendmal größer und stärker als eine Maus!

Wie lautet dein cooler Satz?

reicht ihr eine rote Karte. »Magst du diesen Satz aufschreiben? Er erinnert dich daran, dass du Rot magst und dass es okay ist, rot zu werden.« Das gefällt Marie, und sie bemüht sich, mit ihrer schönsten Schrift auf ihre Erinnerungskarte zu schreiben. Frau Mai lobt sie dafür. »Und nun üben wir noch ein bisschen für das Diktat, ja?«

Nach zehn Minuten hat Marie das Übungsdiktat geschrieben. Diesmal weiß sie, wie »Meer« geschrieben wird. Auch andere Wörter klappen jetzt schon ganz gut. Mit einem Lächeln im Gesicht verabschiedet sie sich von Frau Mai und hüpft fröhlich nach Hause.

Ein Sommergedicht

Heute ist Montag. Und heute wird das Diktat geschrieben. Marie und ihre Mutter klopfen vor der Schule gemeinsam. Marie fühlt sich nun ruhiger und isst ihr Müsli.

In der ersten Stunde wird Marie jedoch wieder unruhig. Unter dem Tisch klopft sie deswegen auf ihre Hand. Keiner bekommt das mit. Marie schielt vorsichtshalber zu Patrick, aber der schaut gerade woanders hin.

Dann kommt Frau Schiller in den Klassenraum und diktiert ihnen langsam den Text. Marie ist aufgeregt, aber dennoch schafft sie es, sich auf die Wörter zu

konzentrieren. Bei vielen Wörtern weiß sie genau, wie sie geschrieben werden.

Zum Abschluss der Stunde sagt Frau Schiller: »Als Hausaufgabe bis Freitag lernt ihr bitte die zweite Strophe von dem Sommergedicht aus dem Deutschbuch auswendig. Am Freitag kommt dann jeder einmal nach vorne und sagt die Strophe auf.«

Marie bekommt einen Schrecken. ›Ich kann bestimmt nichts sagen, wenn ich vorne stehe. Und dann werde ich wieder ganz rot und alle lachen mich aus‹, befürchtet sie. Oh je!

Am Nachmittag geht Marie wieder zur Einzelstunde ins Lernzentrum »Die Lernofanten«. Aufgeregt erzählt sie Frau Mai von dem Gedicht. »Wir könnten klopfen, während du daran denkst, vorne zu stehen und das Gedicht aufzusagen. Magst du?«, schlägt Frau Mai vor.

Marie nickt. Sie fangen an, auf die Hand zu klopfen. Nach zwei Runden ist Marie etwas ruhiger. Aber lächeln kann sie noch nicht. Frau Mai bittet Marie, sich hinzustellen.

»So groß bist du also. Und acht Jahre, oder?« Marie nickt. »Und wenn du daran denkst, dass du vorne im Klassenraum stehst und das Sommergedicht aufsagst, wie groß fühlst du dich dann?« Marie zeigt auf ihren Bauchnabel. »Wie alt warst du ungefähr, als du diese Bauchnabelgröße hattest?«, fragt Frau Mai. Marie zuckt mit den Schultern. »Vier?«, sagt sie schließlich.

»Dann kurbeln wir am besten mal gemeinsam!« Frau Mai fängt an, im Uhrzeigersinn unterhalb der linken Schulter zu kreisen. »Auch wenn ich schrumpfe, sobald ich an das Gedichtaufsagen denke, mag ich mich so, wie ich bin!« Marie

nickt und kurbelt ebenfalls: »Auch wenn ich schrumpfe, sobald ich an das Gedichtaufsagen denke, mag ich mich so, wie ich bin!«.

So schrumpfe ich manchmal, wenn ich die Maus sehe …

Schrumpfst du auch manchmal?

»Es gibt noch einen neuen Trick, Marie! Damit kannst du dich wieder größer fühlen«, sagt Frau Mai lächelnd. »Dazu brauchst du einen guten Satz, zum Beispiel: Auch beim Gedichtaufsagen bin ich groß!« Marie lächelt. »Der Satz gefällt mir!« »Wunderbar!«, sagt Frau Mai und erklärt weiter: »Ich zeige dir nun die Powerpunkte. Weißt du, was ›Power‹ bedeutet? Es bedeutet ›Kraft‹. Wenn du die Powerpunkte klopfst und dabei gleichzeitig den Satz sagst, wirst du dich bald so groß fühlen, wie du in Wirklichkeit bist! Auch beim Gedichtaufsagen.« Sie zeigt Marie den Punkt zwischen den Augenbrauen, danach den Punkt unter der Nase, dann den Punkt zwischen Lippen und Kinn und schließlich den Punkt etwas

oberhalb der Brust. Marie probiert es aus. Sie sagt: »Auch beim Gedichtaufsagen bin ich groß!«, und klopft dabei die **vier Powerpunkte**.

»Bist du gerade schon ein Stückchen gewachsen?«, fragt Frau Mai anschließend und zwinkert ihr zu. »Ja!«, antwortet Marie. »Prima! Hast du vielleicht auch noch eine Idee, wie du dich größer fühlen kannst?«, fragt Frau Mai.

Marie überlegt. »Wenn ich auf Hannibal sitze, bin ich groß!«, sagt sie schließlich lächelnd. Frau Mai ist begeistert. »Genau! Wie wäre es also, wenn du dir vorstellst, dass du auf Hannibal sitzt, während du vorne im Klassenzimmer stehst. Dann fühlst du dich richtig groß und sagst das Sommergedicht auf, als würdest du das jeden Tag machen.« Marie nickt begeistert. »Das erzähle ich Hannibal. Er findet es bestimmt gut, dass er mir beim Gedichtaufsagen helfen kann.«

Das tut gut: meinen Satz sagen und die Powerpunkte klopfen! Mach es Marie und mir ruhig nach!

Tolle Idee von Marie! Wie kannst du dich größer fühlen?

»Und du kannst ihm hinterher zur Belohnung eine extra Möhre mitbringen!«, lacht Frau Mai. »Oder sogar einen Apfel, den mag er noch viel lieber«, überlegt Marie.

Fröhlich verabschiedet sie sich. Zu Hause erzählt sie ihrer Mutter, wie sie es schafft, sich ab jetzt groß zu fühlen, wenn sie ein Gedicht aufsagen muss. »Wirklich eine tolle Idee!«, stimmt die Mutter ihr zu.

Dann ist der Freitag da. Die Kinder der 2a gehen nacheinander nach vorne, um die Strophe aufzusagen. Für jedes Kind gibt es anschließend Applaus. Marie wartet darauf, dass sie drankommt. Sie legt die Fingerspitzen aufeinander und murmelt so leise, wie sie kann: »Auch beim Gedichtaufsagen bin ich groß!« Dann ist sie an der Reihe und geht langsam nach vorne. Sie denkt daran, wie es ist, auf Hannibal zu sitzen, hoch oben im Sattel. Sie fühlt sich groß. Und sicher fühlt sie sich auch, wenn sie auf Hannibal sitzt. Einen kurzen Moment schließt sie die Augen, dann sagt sie langsam ihr Gedicht »Sommergedanken« auf.

Fantastisch, Marie! Du bist richtig gewachsen!

Frau Schiller und die anderen Kinder applaudieren. Marie wird ein bisschen rot und geht schnell auf ihren Platz zurück.

Nun ist Amal dran. »Es klingt so lustig: Herz und Seele seid erquicket …«, sagt Amal kichernd, während sie nach vorne geht. Ihr Kichern ist so ansteckend, dass nun alle lachen müssen. Auch Frau Schiller findet es lustig. »Ja«, sagt sie schmunzelnd. »So hat man früher gesprochen. Und ich glaube, wir sind jetzt alle ganz erquicket!«

Marie kichert immer noch. ›Gedichtaufsagen ist echt lustig‹, findet sie und freut sich jetzt schon darauf, Hannibal einen großen saftigen Apfel zu bringen.

»Sommergedanken«
von Oskar Stock

»Grün, soweit das Auge blicket,
Badespaß und Urlaubsfreud',
Herz und Seele seid erquicket,
Sommer ist's, du schöne Zeit.«

Amals Geschichte

Amal schreckt mitten in der Nacht auf. Sie hat etwas Fürchterliches geträumt: Ein großer Stein war mit einem lautem »Rumms« auf den Boden ihres Kinderzimmers gestürzt. Er war in viele Teile zersprungen. Dann waren Tausende von kleinen gelben Käfern durch ihr Zimmer geflitzt. Iiiihh! Amal wollte schreien, aber kein Laut war aus ihrem Mund gekommen. Sie wollte wegrennen, aber ihre Beine fühlten sich so schwer wie Blei an. Sie konnte sich nicht rühren. Dann war sie aufgewacht.

Amals Herz schlägt schnell. Sie will zu ihrer Mutter laufen, aber mitten im Zimmer macht sie wieder kehrt. ›Ob Mama sauer ist, wenn ich sie schon wieder aufwecke?‹, überlegt sie.

Amal steigt zurück in ihr Bett. Sie muss leise sein, um ihre ältere Schwester Lela nicht zu wecken. ›Warum habe ich so etwas Doofes geträumt?‹, fragt sie sich. Ihr fällt keine Antwort ein. Dann schwirren ihre Gedanken in alle Richtungen aus. Am Morgen wird sie wieder müde sein. Dann wird es schwer sein, zur Schule zu gehen. Ihre Gedanken drehen sich weiter. Wenn Papa doch bloß einen anderen Arbeitsplatz finden würde

und mehr zu Hause sein könnte! Seit ein paar Monaten ist er nur am Wochenende zu Hause. Er ist Ingenieur und arbeitet in München. Amal ist traurig, dass er so wenig zu Hause ist.

Danach reisen Amals Gedanken weit weg, nach Syrien. Sie hofft, dass es ihren Großeltern dort gut geht und sie keinen Hunger ertragen müssen. Sie denkt an die schlimmen Bilder aus Syrien, die sie im Fernsehen gesehen hat. Und wie traurig Mama und Papa werden, wenn sie über ihre Heimat sprechen. Ihre Gedanken kehren zurück zu ihrem Traum. Amal fühlt sich schrecklich. Was ist, wenn sie gleich wieder so etwas Schlimmes träumt? Lange wälzt sie sich im Bett hin und her, bis sie schließlich wieder einschläft.

Wie ist es bei dir? Träumst du auch manchmal etwas Schreckliches?

Am Morgen klingelt Amals Wecker unbarmherzig laut. Sie kann ihre Augen kaum öffnen. Sie fühlt sich sehr müde und bleibt im Bett liegen. »Ich schaffe es nicht in die Schule!«, weint sie, als ihre Mutter zum Wecken kommt.

»Aber du kannst doch nicht schon wieder in der Schule fehlen«, sagt Mama. Amal weint. »Ich kann aber wirklich nicht, Mama!« Mama schüttelt besorgt den Kopf. »Was ist bloß los mit dir? Lela ist schon lange auf!« Amal zuckt mit den Schultern. Tränen laufen über ihre Wangen.

Mama streicht ihr über den Kopf und seufzt. Dann ruft sie das Schulsekretariat und die Nachbarin an. Danach verabschiedet sie sich: »Ich muss jetzt los zur Arbeit. Frau Herzig wird nach dir schauen. Aber sonst lässt du niemanden in die Wohnung hinein. Ich bin um 15 Uhr wieder zurück. Bis nachher, Amal!«

Amal ist müde. Aber gleichzeitig fühlt sie sich unruhig. Sie steht auf, um in der Küche zu frühstücken. Dann hört sie ein

Hörspiel und malt dabei ein Bild. Und wie immer, wenn sie malt, vergisst sie alles um sich herum.

Später klopft es. Frau Herzig steht vor der Tür. »Wie geht es dir, meine Kleine?« Amal und Frau Herzig kennen sich gut. Als Amal mit ihrer Familie vor vier Jahren aus Syrien nach Deutschland kam, hat sich Frau Herzig ganz lieb um Amal und Lela gekümmert. Da konnten sie beide noch kein Deutsch sprechen, und Frau Herzig hat ihnen vieles beigebracht. Sogar ein paar Schimpfwörter. Stundenlang haben sie zusammen gespielt und immer viel gelacht.

Nun bringt Frau Herzig einen leckeren Apfel-Pfannkuchen mit. Und während Amal sich diesen schmecken lässt, plaudern sie miteinander. »Du wirst sehen, Amal, in der nächsten Nacht schläfst du besser, und dann kannst du morgen wieder zur Schule gehen«, tröstet Frau Herzig. »Hoffentlich!«, sagt Amal.

Anschließend spielen sie eine Runde Uno. Dann verabschiedet sich Frau Herzig wieder. »Du weißt, ich brauche meinen Mittagsschlaf!« Sie drückt Amal an sich.

Kurze Zeit später klingelt es. Wer kann das sein? Amal schaut aus dem Fenster. Unten steht Marie und ruft: »Ich bringe dir die Hausaufgaben!« »Danke! Ich darf dich aber nicht reinlassen«, ruft Amal nach unten. »Kannst du die Blätter in den Briefkasten werfen?« Marie nickt und fragt: »Wann kommst du wieder zur Schule?« Amal zuckt mit den Achseln. »Vielleicht morgen!«

Amal geht zum Briefkasten und holt sich die Arbeitsblätter. Danach setzt sie sich auf ihr Bett und starrt lange auf die vielen Zahlen und Buchstaben. »Verstehe ich nicht!«, ruft sie frustriert und wirft die Blätter auf den Boden. Sie spürt dieses Drücken im Bauch. Am liebsten möchte sie weinen. Und weil sie sich nun so schrecklich alleine fühlt, legt sie sich ins Bett, drückt ihren Kuschelhasen an sich und zieht sich die Bettdecke bis über den Kopf.

»Amal, aufstehen!«, weckt ihre Mutter sie später. »Wenn du jetzt so viel schläfst, kannst du heute Nacht nicht schlafen!« Amal reibt ihre Augen. »Ich war auf einmal so müde.« Mama nickt und möchte dann wissen, ob Amal noch Hausaufgaben machen muss. Amal schüttelt schnell den Kopf. Dass sie die Hausaufgaben nicht verstanden hat, mag sie ihrer Mutter nicht sagen.

Am Abend lässt sich Amal viel einfallen, um nicht früh ins Bett gehen zu müssen. Sie räumt sogar mit Lela das gemein-

Was machst du, um gut einschlafen zu können?

Ich zähle bis 100 und werde dabei ganz müde.

same Kinderzimmer auf und putzt sich ewig lange die Zähne. Dann will sie ihrer Mutter von dem Hörspiel erzählen, das sie heute gehört hat. Aber Mama schickt sie ins Bett. »Jetzt musst du schlafen, Amal, sonst geht es dir morgen früh wieder schlecht!«

Amal geht ins Bett. Sie ist aufgeregt. ›Hoffentlich träume ich nicht wieder so was Schreckliches‹, denkt sie ängstlich. Heimlich hört sie noch ein Hörspiel mit ihrem MP3-Player. Danach ist sie sehr müde und schläft schnell ein.

Geräusche in der Nacht

Amal träumt, dass sie von ihrer Mathelehrerin an die Tafel gerufen wird. Dort soll sie vier plus zwei rechnen, aber weiß die Antwort nicht. Die Lehrerin lacht schallend, und die ganze Klasse stimmt in ihr Lachen mit ein. Alle zeigen mit dem Finger auf sie. Amal wird glühend heiß im Gesicht. Sie will weglaufen, aber es geht einfach nicht.

Dann wacht sie auf. ›Wieder so ein blöder Traum!‹, denkt sie verzweifelt. Es ist mitten in der Nacht. Sie hört Lelas ruhigen Atem. Aber dann sind da noch andere Geräusche. Amals Herz klopft schneller. ›Sind das Einbrecher?‹, überlegt sie ängstlich. Sie hat gehört, dass es Leute gibt, die nachts bei anderen einbrechen. Seitdem hat Amal furchtbar Angst, dass auch bei ihnen eingebrochen wird.

Schnell springt sie auf und läuft in das Schlafzimmer ihrer Eltern. »Mama!«, flüstert sie. »Da sind Einbrecher!« Mama wacht sofort auf und schaut um sich. »Lass uns schauen!«, sagt sie

und steht auf. Gemeinsam laufen sie durch alle Zimmer, dann öffnen sie die Wohnungstür. Ist da jemand im Treppenhaus?

Da klappert etwas. Mama bleibt stehen und horcht. »Ach, das Fenster. Das macht die Geräusche!« Sie schließt das Fenster. »Zum Glück keine Einbrecher!« Amal ist erleichtert und kuschelt sich in Mamas Arme. »Du kannst heute Nacht bei mir schlafen. Papa ist ja nicht da. Komm!«, sagt Mama. Das lässt sich Amal nicht zweimal sagen. Denn in Mamas und Papas Bett fühlt sie sich ganz sicher und wohl. Schnell schläft sie wieder ein. Jetzt hat sie keinen schlimmen Traum mehr.

Nicht schlecht, Herr Specht!

Am nächsten Morgen wird Amal sanft von ihrer Mutter geweckt. Amal fühlt sich müde, aber schafft es trotzdem aufzustehen. Auf dem Weg zur Schule trifft sie Marie. »Ich habe die Hausaufgaben nicht verstanden«, erzählt Amal. Marie nickt. »Das war echt schwer!« Schweigend gehen die Mädchen weiter.

Auf dem Schulhof treffen sie Oskar. »Nicht schlecht, Herr Specht!«, begrüßt Amal ihn und kichert. Marie kichert mit. Oskar grinst. »Wie war die Klassenfahrt?«, fragt Amal.

»Cool! Und ich darf jetzt wieder zum Schwimmtraining. Und vielleicht sogar zu einem Wettkampf!«, sagt Oskar begeistert. »Cool! Viel Glück!«, wünschen die Mädchen ihm. »Danke!«, sagt Oskar und rennt los zu seinen Klassenkameraden.

Amal kommt plötzlich ein Gedanke: Bei den Lernofanten haben sie oft geklopft. Eigentlich war das immer richtig gut. Die anderen Kinder haben deswegen auch zu Hause und in der Schule geklopft. Aber sie selbst hat es noch nicht ausprobiert. Amal weiß nicht genau, warum sie bisher noch nicht geklopft hat. Vielleicht wollte sie nicht, dass ihre Eltern und Lela sehen, wie sie klopft. Sie überlegt, ob das Klopfen vielleicht auch hilft, wenn man schlimme Träume hat. ›Ich frage Frau Mai‹, nimmt sie sich vor.

Amal klopft und kurbelt

Heute hat Amal eine Einzelstunde bei Frau Mai. »Wie geht es dir?«, wird sie von Frau Mai begrüßt. Amal zuckt müde mit den Schultern. »Okay«, sagt sie. Aber es klingt nicht so.

»Dich bedrückt etwas, oder?«, fragt Frau Mai und führt Amal in den Beratungsraum. Amal nickt und erzählt von ihren Träumen. Beim Erzählen fängt ihr Herz an, schneller zu klopfen, und sie hat das Gefühl, dass ihr Hals eng wird. »Lass uns klopfen, Amal!«, sagt Frau Mai ruhig und klopft mit den rechten Fingern auf den linken Handrücken, genau zwischen Ringfinger und kleinem Finger. »Das kennst du ja schon.«

»Kann ich auch andersherum klopfen? So rum?«, fragt Amal und klopft mit den Fingern der linken Hand auf den rechten Handrücken. »Natürlich, Amal, du bist Linkshänderin, dann kannst du es einfach anders herum machen. Das ist völlig in Ordnung!«, sagt Frau Mai. Gemeinsam klopfen sie alle 16 Punkte. Danach noch einmal und sogar ein drittes Mal.

Amal fühlt sich besser. Sie atmet tief aus. »Sehr gut, Amal! Wie ist es jetzt, wenn du an deine Träume denkst?«

»Etwas besser«, sagt Amal. »Aber ich habe Angst, dass ich wieder etwas Blödes träume. Oder dass Einbrecher kommen. Oder dass ich nicht mehr einschlafen kann, weil ich die ganze Zeit an etwas denke.«

»Und diese vielen Gedanken stören dich beim Einschlafen?«, fragt Frau Mai. Amal nickt. »Wie wäre es also mit weiteren Tricks, Amal?«, schlägt Frau Mai vor. Amal lacht und sagt: »Bei Ihnen gibt es immer Tricks!« Frau Mai lächelt verschwörerisch. »Ja, mit den richtigen Tricks kriegen wir fast alles hin …«

Au ja, noch mal kurbeln: »Auch wenn ich mal eine Maus treffen sollte, bleibe ich sicher und geborgen!«

Und jetzt bist du dran: »Auch wenn ich …, bleibe ich sicher und geborgen!«

Gemeinsam machen sie die Überkreuz-Übung und danach die Fingerberühr-Übung. Dann fangen sie an zu kurbeln und sprechen gemeinsam den Satz: »Auch wenn ich etwas Blödes geträumt habe, bin ich sicher und geborgen!« Amal kurbelt mit und nickt zaghaft. »Auch wenn ich vielleicht nochmal einen blöden Traum habe, bleibe ich sicher und geborgen!« Amal nickt. »Es geht noch weiter«, sagt Frau Mai und spricht weiter: »Auch für den Fall, dass ich immer wieder so blöde Träume haben sollte, bleibe

ich in Sicherheit.« Amal schaut etwas unglücklich. Doch dann kommt der nächste Satz: »Auch wenn ich nie wieder so blöde Träume haben werde, bleibe ich sicher und geborgen.« Amal schaut überrascht und lächelt. »Das wäre schön!« Frau Mai nickt. »Glaube ich, Amal! Und nun haben wir noch einen letzten Satz. Pass auf: »Pieps- und pupsegal, ob ich so blöde Träume habe oder nicht, bleibe ich in jedem Fall sicher und geborgen.« Amal spricht den Satz lachend nach. »Der ist lustig!«

Frau Mai blinzelt Amal zu. »Zum Abschluss noch ein allerletzter nigelnagelneuer Trick, in Ordnung?« Amal nickt.

»Gut! Dann klopfst du bitte auf den ersten Klopfpunkt, als Linkshänderin hier auf deinen rechten Handrücken. Während du klopfst, richtest du deine Augen nach oben und schaust zur Decke. Nur die Augen nach oben bewegen, nicht den ganzen Kopf. Und du klopfst die ganze Zeit weiter auf diesen Handrückenpunkt.«

Amal schaut mit den Augen zur Decke und klopft auf ihren rechten Handrücken. »Gut, genau so!«, lobt Frau Mai. »Und jetzt stellst du dir bitte vor, wie du dich heute Abend ins Bett kuschelst, ganz ruhig schläfst und am Morgen wieder fröhlich und munter aufwachst.« »Hoffentlich!«, seufzt Amal und sieht dabei glücklich aus.

»Hast du genug Tricks für heute?«, fragt Frau Mai nun. Amal nickt und macht sich fröhlich auf den Heimweg.

Am Abend kuschelt sie sich zu ihrer Mutter und Lela auf das Sofa. Sie schauen gemeinsam eine Sendung. Bevor Amal ins Bett geht, macht sie die Überkreuz-Übung. Das fühlt sich schon richtig vertraut an. Und während sie an ihren letzten schlimmen Traum denkt, klopft Amal auf die Klopfpunkte. Es ist gar nicht schwer, findet sie. Alle 16 Punkte sind ihr gleich wieder eingefallen. Dann fühlt sich Amal ruhiger. Kurze Zeit später ist sie eingeschlafen.

Der Wecker klingelt laut am nächsten Morgen. Amal reibt sich die Augen. »Aufstehen«, murmelt sie und steht auf. Ihre Mutter kommt ihr entgegen. »Du bist ja schon aufgestanden, Amal!«, wundert sie sich erfreut und gibt ihr einen Kuss. »Ja, heute freue ich mich auf die Schule!«, sagt Amal. Mama schaut überrascht: »Was hat Frau Mai mit dir gemacht?« Amal lacht. »Sie hat mir ein paar Tricks gezeigt!«

»Diese Tricks möchte ich auch lernen! Ich hoffe, Frau Mai zeigt sie uns nächste Woche beim Elternabend«, sagt Amals Mutter.

In der Schule fühlt sich Amal viel wacher als sonst und meldet sich häufig. Von Frau Schiller bekommt sie dafür am Ende der Schulstunde ein Lob. Und beim Rechnen passieren ihr nur wenige Fehler. Amal ist stolz darauf.

Coole Gruppenstunde

Endlich wieder Gruppenstunde bei den Lernofanten! Amal freut sich darauf. Sie möchte heute nämlich erzählen, dass sie wieder besser schlafen kann und deswegen im Unterricht nicht mehr so müde ist. Und dass sie weniger Fehler macht.

Max und Marie sitzen bereits auf ihren Stühlen, als Amal ankommt. Wenig später kommt auch Oskar dazu. »Es war so cool! Und der Specht hat mich erinnert!«, ist das erste, was er den anderen entgegenruft, noch bevor er sich gesetzt hat. »Nicht schlecht, Herr Specht!«, ruft Amal zurück. Alle lachen.

Reihum darf nun jedes Kind erzählen, was seit der letzten Gruppenstunde passiert ist. Oskar erzählt als Erster: Von seiner Klassenfahrt, dem Klettergarten, dem Nachtspaziergang, und wie er es mithilfe seiner Freunde und mit allen Lernofanten-Tricks geschafft hat, keinen großen Ärger zu bekommen. Und dass er wieder beim Schwimmtraining mitmachen darf. »Yippie!«, ruft er. Frau Mai und die Kinder applaudieren, so laut sie können. Währenddessen springt Oskar auf, dreht ein paar Runden und setzt sich dann wieder.

KLOPFE
+
CO

Dann ist Max dran. Er erzählt von der glatten Vier in der Mathearbeit und dass er zur Belohnung an einem Fußball-Camp im Sommer teilnehmen darf. Wieder gibt es einen lauten Applaus.

Nun erzählt Amal: »Ich klopfe auch. Dann kann ich besser einschlafen und denke nicht so viel an Einbrecher. Und wenn ich einen schlimmen Traum habe, klopfe ich auch. Dann kann ich wieder einschlafen und bin in der Schule nicht so müde. Und vielleicht findet Papa bald einen anderen Arbeitsplatz bei uns in der Nähe!« Sie schaut ganz glücklich und bekommt ebenfalls viel Applaus.

Marie erzählt als Nächstes, dass sie große Angst vor dem Gedichtaufsagen hatte. »Aber es war gar nicht so schlimm. Ich habe daran gedacht, dass ich auf Hannibal sitze, und dann konnte ich das Gedicht aufsagen.« »Wer ist Hannibal?«, ruft Oskar dazwischen. Marie erklärt es ihm. »Cool!«, sagt Oskar. »Ja, Marie war richtig cool!«, ruft Amal und fängt an zu applaudieren. Die anderen klatschen und rufen ebenfalls: »Cool!« Marie wird vor Freude rot und lacht.

Was möchtest du erzählen? Was ist bei dir jetzt anders als vorher?

Ich habe jetzt nur noch eine klitzekleine Angst vor Mäusen!

»Fantastisch, ihr Lernofanten-Kinder! Ihr habt eure Tricks wirklich lernofantastisch gut drauf!«, freut sich Frau Mai. »Wer von euch hat für heute ein Thema mitgebracht, über das wir sprechen können?« Keiner meldet sich. Alle zucken ratlos mit den Achseln.

»Was, es gibt kein einziges Thema?«, fragt Frau Mai. »Dann müssen wir unbedingt ins Eiscafé!« Sie grinst die Kinder an und steht auf. »Worauf wartet ihr noch? Mögt ihr kein Eis?«

»Doch!«, rufen alle und springen auf. Oskar macht sogar einen kleinen Luftsprung. »Yippie!«, schreit er.

Es wird ein lustiger Ausflug zum Eiscafé »Dolomiti«. Auf dem Weg dorthin diskutieren die Kinder, welche Eissorten sie sich aussuchen werden. Marie sagt zu Frau Mai: »Das Problem ist, dass bei ›Dolomiti‹ alle Eissorten lecker schmecken.« Frau Mai lacht. »Ja, das ist natürlich ein Problem! Aber ihr schafft das!«

»Sonst klopfen wir eben!«, schlägt Amal vor. Oskar prustet los: »Die Überkreuz-Übung mit einem Eis in der Hand, das möchte ich sehen!« Alle Kinder lachen. »So gut, wie ihr alle Tricks draufhabt, traue ich euch selbst das zu!«, schmunzelt Frau Mai.

Wenig später sitzen sie alle gemeinsam auf einer Bank und genießen ihr Eis. »Coole Gruppenstunde!«, meint Oskar, und alle stimmen ihm zu.

Lecker!

Die wichtigsten Tricks auf einen Blick

1. Der Überkreuz-Trick

Mit diesem Trick wirst du innerlich ganz ruhig. Er hilft dir besonders, wenn du jemand bist, der nicht gut stillsitzen kann und immer in Aktion sein möchte.

So geht's:

1. Du legst die Füße über Kreuz.
2. Dann streckst du beide Arme aus und kreuzt sie ebenfalls.
3. Nun legst die Handflächen aufeinander.
4. Dann verschränkst du die Finger ineinander, wie beim Beten.
5. Und jetzt drehst du die Hände erst nach unten und dann hoch bis zu deinem Kinn.
6. So bleibst du ruhig sitzen und schließt deine Augen.
7. Du atmest ruhig und bleibst für eine Minute in dieser Haltung.

2. Der Klopf-Trick

Dieser Trick hilft bei Angst und anderen quälenden Gefühlen.

So geht´s:

1. Du denkst an deine Angst oder das Gefühl, das dich belastet.
2. Du klopfst mit dem Zeige- und Mittelfinger deiner rechten Hand auf die Klopfpunkte an deiner linken Hand *(als Linkshänder machst du es anders herum).*
3. Du atmest ruhig beim Klopfen.

Du klopfst in dieser Reihenfolge:

1. ***Handrücken***
2. ***Handkante***
3. ***kleiner Finger***
4. ***Mittelfinger***
5. ***Zeigefinger***
6. ***Daumen***
7. ***Stirn***
8. ***Augenbraue innen***
9. ***Schläfe***
10. ***unter dem Auge***
11. ***unter der Nase***
12. ***unter der Lippe/am Kinn***
13. ***unter dem Schlüsselbein***
14. ***auf dem Rippenbogen***
15. ***unter dem Arm seitlich***
16. ***mittig auf dem Brustbein***

1
2
3
4
5
6
7
8
9
10
11
12
13
14
15
16

3. Der Zwischenentspannungs-Trick

Mit diesem Trick entspannst du dich nach einer oder zwei Klopfrunden. Nach der Zwischenentspannung kannst du dann weiterklopfen, wenn dein lästiges Gefühl noch nicht klein genug geworden ist.

So geht's:

1. Du klopfst die ganze Zeit auf den ersten Klopfpunkt (Handrücken).
2. Dabei machst du Folgendes:

1. *Augen zu*

2. *Augen auf*

3. *nach unten rechts schauen*

4. *nach unten links schauen*

5. *Augen rechtsherum kreisen*

6. *Augen linksherum kreisen*

7. *eine Melodie summen*

8. *von 7 an rückwärts zählen*

9. *eine Melodie summen*

4. Der Kurbel-Trick

Mit diesem Trick machst du dir selber Mut, indem du dir sagst, dass du gut bist so, wie du bist. Du kannst danach (wieder) ganz zufrieden mit dir selbst sein.

So geht's:

1. Du suchst die kleine Delle oder Vertiefung unterhalb deiner linken Schulter.
2. Mit Zeige- und Mittelfinger kreist du um diese Vertiefung herum, im Uhrzeigersinn.
3. Hier klopfst du also nicht, sondern du kreist (oder kurbelst) nur drumherum.
4. Während du kurbelst, sprichst du einen Satz, der dir guttut, zum Beispiel:

»Auch wenn ich diese Angst habe, mag ich mich so, wie ich bin!« oder *»Auch wenn ich dies noch nicht gut kann, bin ich trotzdem ein cooles Mädchen/ein cooler Junge!«*

Viel Freude beim Überkreuzen, Klopfen und Kurbeln!

Noch mehr Tricks?
Na klar, mehr Tricks bekommst du auf der Webseite des Carl-Auer Verlags. Hier kannst du sie dir herunterladen:
www.carl-auer.de/zusatzmaterial/klopfen-fuer-kinder

Oskars Klopfreime

»Zuerst klopf ich auf die Hand
und dann auf den Außenrand!

Und danach ganz ohne Flitzen
klopf ich auf vier Fingerspitzen.

Dann vergesse ich sie nicht:
die sechs Punkte im Gesicht!

Und dann klopf ich, das muss sein,
unter meinem Schlüsselbein.

Danach will ich kräftig tippen
auf zwei Punkte meiner Rippen.

Schließlich klopf ich mit viel Lust
mehrmals mitten auf die Brust!«

Nachwort

von Michael Bohne

Liebe Eltern und Großeltern, liebe Vorleser und Vorleserinnen, es ist völlig normal, dass Kinder immer mal wieder Ängste haben. Ängste und andere emotionale Quälgeister zu haben gehört zu einer normalen Kindheit dazu. Sie kommen und gehen oft wie von selbst. Also kein Grund zur Panik.

Allerdings zeigen manche Ängste und andere emotionalen Erregungen eine gewisse Hartnäckigkeit und einen Hang zum Größerwerden. Manche Ängste stören dann doch etwas zu sehr und schränken das Kind oder die Familie ein. Solche Ängste müssen nicht gleich im medizinischen Sinne behandlungsbedürftig sein. Denn jede medizinische Behandlung beinhaltet ja immer auch die Gefahr einer Stigmatisierung und Pathologisierung. Manchmal haben Kinder Angst, weil sie vor etwas einen Schreck bekommen haben oder etwas Unschönes erlebt haben. Auch solche Ängste lösen sich oft wieder von alleine auf, manchmal jedoch auch nicht. Andere kindliche Ängste sind eigentlich nur die Spiegelung elterlicher Ängste. In solchen Fällen haben die Eltern gewisse Ängste, die sich auf das Kind übertragen. Manche Kinder kommen auch einfach nicht zur Ruhe, weil die Eltern sich innerlich Sorgen machen oder nicht zur Ruhe kommen können. Kinder sind häufig ein Spiegel des Systems, in dem sie leben. Das ist gut so, da wir Eltern manchmal an unseren Kindern eher oder besser sehen, dass in unserem System etwas nicht rund läuft, als an uns selbst. Eltern und andere Erwachsene sind ja oft gut trainiert darin zu funktionieren, und das können Kinder Gott sei Dank noch nicht so gut. Somit können sie uns auf so manche ungeklärte Thematik aufmerksam machen. Aber hier stellt sich ganz unweigerlich auch die Frage: Wie gehen wir Erwachsene eigentlich mit unseren Ängsten um? Was haben wir gelernt, wie wir unsere Ängste reduzieren können? Und da muss man schon relativ ernüchtert feststellen, dass wir in der Schule, im Elternhaus und in der Ausbildung oder dem Studium zwar so einiges gelernt haben. Aber wie Ängste entstehen, und erst recht, wie man sie überwinden kann, haben die meisten von uns nicht gelernt. Wir alle sind in emotionalen Dingen nicht wirklich gut geschult worden, wir haben kaum gelernt, eigene Ängste zu überwinden, und wenn sie zu groß werden, dann haben wir Erwachsene uns nicht selten einige Angstbewältigungsstrategien angewöhnt, die leider oft nicht hilfreich sind: Wir werden aggressiv, verdrängen unsere Ängste durch zu viel Arbeit, zu viel Essen, zu viel Trinken oder zu viel Sport. Damit sind wir bisweilen nicht das allerbeste Modell für unsere Kinder. Oder wir begeben uns, wenn es gar nicht mehr anders geht, in medizinische oder psychotherapeutische Behandlung. Fehlende Selbsthilfe macht also Fremdhilfe erforderlich.

Wir alle haben also nicht wirklich gelernt, wie man Ängste und andere emotionale Quälgeister einigermaßen einfach und doch gut überwinden kann. An dieser Stelle rückt eine weltweite Entdeckung der letzten Jahre in den Mittelpunkt. Verschiedenste Ärzte und Therapeuten haben beeindruckende Erfahrungen mit ein paar ziemlich leicht zu erlernenden Angstbewältigungstechniken gemacht: und zwar mit den sog. Klopftechniken, bei denen man, während man gerade eine Angst oder ein anderes unangenehmes Gefühl erlebt, gleichzeitig verschiedene Körperpunkte (Akupunkturpunkte) beklopft. Dabei wird eigentlich nur das genutzt, was der Mensch schon als Fötus selbst praktiziert, nämlich die Selbstberuhigung durch Selbstberührung. Wissenschaftler haben bei Vorsorgeuntersuchungen im Ultraschall festgestellt, dass sich Föten immer wieder mit ihren Händchen im Gesicht selbst berühren. Zunächst dachte man, dass dies zufällige Berührungen seien. Doch aktuelle Forschungen haben gezeigt, dass die Anzahl der fötalen Selbstberührungen umso häufiger auftreten, je gestresster die Mutter sich fühlt (Grunwald 2017).

Wir haben uns also schon vorgeburtlich im Uterus der Mutter zur Stressreduktion selbst berührt. Man könnte von einem intuitiven oder biologischen Wissen sprechen. Wenn wir uns nun als Kinder oder Erwachsene bei Ängsten selbst beklopfen, dann machen wir eigentlich nichts anderes, als was wir schon im Mutterleib gemacht haben – nur vielleicht jetzt mit der bewussten Absicht, unsere Ängste selbst zu reduzieren.

Als ich selbst die Klopftechniken 2001 von einem amerikanischen Psychologen erlernt habe, war ich fasziniert, weil ich in der psychotherapeutischen Praxis davor und danach nichts kennengelernt habe, was Ängste so schnell zu reduzieren vermag. Wir haben im psychotherapeutischen Feld Menschen mit großen Ängsten, Schlafstörungen, Panikattacken und auch mit posttraumatischen Belastungsstörungen (PTBS) so erfolgreich mit den Klopftechniken behandelt, dass wir diese Wirkmechanismen an der Medizinischen Hochschule Hannover genauer untersuchen wollen. Dazu finden dort die drei weltweit ersten Studien mit bildgebenden Verfahren (fMRT) statt. Wir schauen

Direkt zu den Studien

also, während die Probanden klopfen, direkt ins Gehirn, um zu verstehen, wie es kommt, dass die Klopftechniken wirksam sind. Über die nebenstehenden QR-Codes kann man sich unsere beiden als Open-access-Publikationen veröffentlichten Studien anschauen. Sie haben sehr spannende Ergebnisse hervorgebracht. Wir haben u. a. zeigen können, dass auch rein imaginiertes Klopfen, also Klopfen nur in der Vorstellung, ohne real physisch zu klopfen, eine stressregulatorische Wirkung hat und die Amygdalaaktivität sowie die Aktivität des anterioren cingulären Cortex (ACC) beeinflusst. Dies hatten uns Klienten ja schon immer berichtet, dass sie einen stressreduzierenden Effekt spürten, auch wenn sie sich nur vorstellten zu klopfen. Auch Studien mit Soldaten, die an einer posttraumatischen Belastungsstörung (PTBS) leiden, haben eindrücklich gezeigt, dass die Klopftechniken enorm gut und schnell helfen können (Church et al. 2013). Die US Veterans Administration (VA) empfiehlt Klopftechniken deshalb auch zur Behandlung von Soldaten bei PTBS, Ängsten, Depressionen, Schmerzen, Schlafstörungen und anderen Problemen. Schon jetzt kann gesagt werden, dass es auch aus wissenschaftlicher Sicht viele eindeutige Hinweise gibt, dass die Klopftechniken bei psychischen Problemen wie Ängsten, Depressionen und Traumafolgen gut wirken (Church 2017). Antonia Pfeiffer hat einen sehr inspirierenden Übersichtsartikel dazu geschrieben, den man auch herunterladen kann (Pfeiffer 2018). Es sei hier auch auf das beeindruckende Buch von Antonia Pfeiffer (2023) hingewiesen, in dem sie die neurobiologischen Wirkmechanismen des Klopfens beschrieben hat. Es ist ein sehr gut lesbares und inspirierendes Buch.

Direkt zum Artikel

Was selbst Menschen hilft, die Unfassbares erlebt und erlitten haben, hilft schon längst auch Kindern bei alltäglichen Ängsten und Unpässlichkeiten.

Die Klopftechniken – so, wie ich sie erlernt hatte – passten jedoch nicht so ideal zu uns nach Mitteleuropa und sie ließen sich nicht gut in die Psychotherapie und Medizin integrieren. Deshalb mussten sie in einigen Bereichen vereinfacht und in anderen erweitert werden. Das war mein Anliegen, als ich PEP, die Prozess- und Embodimentfokussierte Psychologie, entwickelt und beschrieben habe. Doch dazu mehr in den einschlägigen Fachbüchern (Bohne 2020, 2022a, 2022b; Bohne et al. 2022).

Hier soll es ja in erster Linie um Selbsthilfe gehen, und dafür braucht es nicht unbedingt Fachbücher und es braucht auch kein tieferes Verständnis zu den Wirkhypothesen. Das ist ja das Tolle an den Klopftechniken. Sie stellen gewissermaßen eine Demokratisierung und Vereinfachung von Psychotherapie dar. Jeder Mensch eines freien Landes hat natürlich auch die Freiheit, bei eigenen Ängsten oder den Ängsten seiner Kinder zunächst einmal eine Selbsthilfetechnik anzuwenden. Und wenn Sie selbst etwas mit dem Klopfen experimentieren wollen, so empfehle ich Ihnen mein kleines Büchlein *Bitte klopfen – Anleitung zur emotionalen Selbsthilfe*.

Sollte das Klopfen nicht helfen, können und sollten Sie natürlich einen Fachmenschen aufsuchen. Das wird im Falle der Kinder vermutlich zunächst einmal der Kinderarzt sein. Er wird dann entscheiden, ob ggf. so etwas wie eine Psychotherapie infrage kommt oder eher nicht.

Besonders berührend finde ich, dass Kinder mit dem Klopfen selbst etwas an die Hand bekommen, was bei Ängsten hilft. Dies stellt übrigens einen der Hauptwirkfaktoren dar: die Aktivierung von Selbstwirksamkeit. Anrührend ist es auch, wenn Kinder, die das Klopfen kennen, es anderen Kindern zeigen oder empfehlen, wie unsere zu der Zeit siebenjährige Tochter Lilly, die einem anderen Kind, das Angst vor einem Geigenvorspiel hatte, das Klopfen empfahl. Dann zeigte sie ihm, wie das mit dem Klopfen geht. Kinder müssen also Ängsten nicht länger ausgeliefert sein, sondern können selbst etwas dagegen unternehmen – das ist schon eine kleine Revolution.

Wie geht das denn nun mit dem Klopfen?

Bei starken Emotionen wird also geklopft, und zwar auf 16 Punkte, die an den Händen, im Gesicht und am Oberkörper liegen. Das Klopfen ist eine ziemlich robuste Sache, man kann also nicht so viel falsch machen. Es wird auch dann funktionieren, wenn man mal einen Klopfpunkt vergisst oder in einer anderen Reihenfolge klopft.

Das Wesentliche beim Klopfen besteht darin, dass ein belastendes Gefühl, z. B. eine Angst, sich nur dann »beklopfen« lässt, wenn sie gerade auch empfunden wird. Das heißt: Ohne akute Angst besteht keine Klopfnotwendigkeit. Wenn man also Ängste beklopfen will, dann müssen diese gerade auch spürbar sein. Somit gehört es zu den Klopftechniken dazu, dass Ängste, die jemand hat, die aber gerade nicht präsent und vielleicht auch verdrängt sind, erst kurz *»aktiviert«* werden müssen, damit man sie dann beklopfen kann. Nur eine im Gehirn aktivierte Angst ist veränderbar.

Hier machen wir uns etwas zunutze, was die Hirn- und Psychotherapieforschung gezeigt hat: Eine Erinnerungsspur, wie

z. B. eine Angst, ist dann am fragilsten – also auch am ehesten veränderbar –, wenn man sie wieder in Erinnerung ruft. Es wird meist ausreichen, den Aspekt, vor dem das Kind Angst hat, kurz anzusprechen. Hat das Kind z. B. Angst vorm Zahnarzt, kann man es einfach mal fragen, wie groß denn die Angst auf einer Angst-Skala ist. 0 bedeutet dabei *gar keine Angst* und 10 *riesengroße Angst*. In die Wiedererinnerung der Angst hinein wird nun geklopft, und es werden selbststärkende Affirmationen ausgesprochen, wie z. B.: *»Auch wenn ich immer wieder Angst vor dem Zahnarztbesuch habe, bin ich ein tolles Kind.«* Im Anschluss an das Klopfen kann es sinnvoll sein, eine Affirmation in Form eines Kraftsatzes zu entwickeln und sich diesen wie ein Mantra immer wieder zu sagen, z. B.: *»In Wirklichkeit bin ich mutig.«* Wenn es Lösungsblockaden gibt oder das reine Klopfen keine Veränderung bringt, sollte man auf die sogenannten **»Big-Five-Lösungsblockaden«** achten. Diese sind:

1. **Selbstvorwürfe**
2. **Vorwürfe anderen gegenüber**
3. **Erwartungshaltungen an andere**
4. **inneres Schrumpfen, also sich kleiner oder jünger fühlen, als man ist**
5. **Loyalitäten mit anderen im Leiden**

Diese angstmachenden oder anderweitig einschränkenden Gedanken werden nicht durch das Klopfen aufgelöst, sondern ausgesprochen und mittels passender Selbststärkungsaffirmationen *»gekurbelt«*, so z. B. *»Auch wenn ich sauer auf mich selbst bin, weil ich das immer noch nicht kann, bin ich ein tolles Mädchen.«*

Bei Selbstvorwürfen hilft die sog. *»Verzeih-Übung«*, bei Fremdvorwürfen eine Übung, bei der man die Verantwortung beim anderen belässt. Bei der Erwartungshaltung formuliert man eine Selbststärkungsaffirmation, die quasi den Preis der Erwartung formuliert. Beim inneren Schrumpfen (wenn man sich mal wieder kleiner fühlt, als man eigentlich schon ist) gibt es eine Affirmation, welche die eigene Größe bewusst macht, wie z. B.: *»Jetzt bleibe ich einfach der große Junge, der ich bin, wenn ich wieder einem komischen Hund begegne.«*

Bei ungünstigen Loyalitäten zu anderen Menschen formuliert man eine Selbststärkungsaffirmation, die dies würdigt. Danach kommt eine Affirmation, die einem klarmacht, dass man mit diesen Menschen verbunden bleiben kann, auch wenn man das eigene Problem überwindet bzw. das eigene Ziel erreicht.

Sollten Sie noch mehr zu den Big-Five-Lösungsblockaden von Eltern und Kindern lesen wollen, so könnte auch das Elternbuch *Klopfen mit Kindern* interessant für Sie sein oder das Büchlein *Bitte klopfen*. Es stellt ausführlicher vor, wie sich elterliche und kindliche Lösungsblockaden transformieren lassen (Reinicke u. Bohne 2022; Bohne 2022a).

Wenn Sie zum Thema Selbstwertgefühl eine sehr praktische und überraschende Anleitung zur Stärkung des Selbstwertgefühls suchen, dann seien Ihnen die beiden Selbstwertgeneratoren ans Herz gelegt (Bohne u. Ebersberger 2020 und 2022a). Mit ihnen kann man ein paar Hunderttausend stärkende, überraschende und guttuende persönliche Kraftsätze, also Affirmationen formulieren.

Wie PEP bei Kindern und Jugendlichen in den verschiedensten Kontexten mit faszinierenden Ergebnissen integriert wird, ist in dem Buch Entwicklung empowern mit PEP (Bohne u. Ebersberger,

2022b) beschrieben. Dort wird gezeigt, wie PEP in der Kita, der Schule, der Lerntherapie, der Kinder- und Jugendpsychiatrie und in der Psychotherapie sehr nützlich und hilfreich ist.

Inzwischen besteht speziell für pädagogische und medizinisch-pflegerische Fachkräfte die Möglichkeit, mit PEP basics® eine vereinfachte, praxisorientierte Version von »Klopfen mit PEP®« kennenzulernen. Auf der Webseite www.pep-basics.de bieten wir dieser Zielgruppe PEP basics® Zertifikatskurse an – zur Selbsthilfe und Selbstfürsorge wie auch zum Einsatz für belastete Menschen im jeweiligen beruflichen Umfeld.

Wir wünschen Ihnen viel Erfolg und Freude bei der Entrümpelung von Ängsten und anderen störenden Emotionen mithilfe von PEP!

Danksagung

Auf dem Weg von der Idee bis zum fertigen Buch erhielten wir viel Unterstützung, Feedback und Ermutigung. Dafür möchten wir uns sehr herzlich bedanken.

Zunächst geht unser Dank an die Kinder und deren Eltern, die uns als Testleser mit viel Engagement und Offenheit unterstützt haben. Wir danken: Florentine Amen und ihrer Mutter Corinna sowie Paul Heiting und seiner Mutter Ulrike für das gründliche (Vor-)Lesen und ihr Feedback, das uns wirklich weitergebracht hat. Vielen herzlichen Dank an euch!

Vicky Kirschbaum, meine Nichte, hat das Manuskript mit beachtlichem Tempo und großer Sorgfalt alleine gelesen. Herzlichen Dank für deine Verbesserungsideen!

Familien-Coach Sonja Biet unterstützte uns in einem ganz frühen Stadium als erste Testleserin. Vielen Dank für dein zugleich direktes und wertschätzendes Feedback!

Als Nächstes danken wir den Kinder-und Jugendpsychotherapeutinnen Claudia Reinicke, Gabi Maderböck und Josephin Lorenz für ihr wertvolles fachliches Feedback und ihre persönliche Ermutigung. Tausend Dank an euch!

Außerdem danken wir unseren eigenen Kindern für ihre Unterstützung:

Lilly Bohne, die mittels des Klopfens schon lange vor dem Buchprojekt ihre eigene Hundeangst überwunden hat, war das erste Kind, das uns gezeigt hat, wie die Geschichten geschrieben sein sollten, damit sie diese hören mag. Es war ihr auch wichtig, dass das hier erwähnt wird. Vielen Dank an dich!

Maya Kirschbaum, ebenfalls erfahrene »Klopferin«, hat uns ehrliches und wertvolles Feedback gegeben. Vielen Dank für deine Offenheit!

Lilli Kirschbaum hat zum Gelingen beigetragen, indem sie immer wieder nachfragte, wann das Buch (endlich) erscheinen wird. Vielen Dank für dein Interesse!

Wir sind sehr dankbar für die kreative Zusammenarbeit mit dem Illustrator Karl Volkmann. In seinem Atelier in Hannover haben wir zu dritt zusammengehockt und waren begeistert, wie die vier Kindercharaktere und Peppo unter seiner Feder lebendig wurden. Vielen Dank an dich!

Die Satzherstellung lag in den zuverlässigen und kompetenten Händen von Thomas Schwendemann. Vielen Dank für Ihre Sorgfalt und die angenehme Zusammenarbeit!

Dieses Kinder-Vorlesebuch ist in gewisser Weise auch ein Buchexperiment. Eines, das uns am Herzen liegt: möglichst vielen Kindern einfache und gleichzeitig wirkungsvolle Selbsthilfetechniken für das Loswerden emotionaler Quälgeister zu vermitteln, eingebaut in Geschichten, die Spaß machen. Wir sind dankbar, dass wir mit dem Carl-Auer Verlag einen Partner gefunden haben, der den Mut hatte, sich auf dieses Experiment einzulassen. Vielen Dank an das gesamte Team für die konstruktive Zusammenarbeit!

Und bestimmt gibt es Menschen, die uns unterstützt haben, was wir aber im Eifer des Gefechts entweder nicht mitbekommen oder vergessen haben. Denen danken wir ganz besonders.

Literaturverzeichnis

Bohne, M. (2020): Einführung in die Praxis der Energetischen Psychotherapie. Heidelberg (Carl-Auer), 3. Aufl.

Bohne, M. (2022a): Bitte klopfen! Anleitung zur emotionalen Selbsthilfe. Heidelberg (Carl-Auer), 8. Aufl.

Bohne, M. (2022b): Psychotherapie und Coaching mit PEP. Prozess- und Embodimentfokussierte Psychologie in der Praxis. Heidelberg (Carl-Auer) , 2. Aufl.

Bohne, M. u. S. Ebersberger (2020): Selbstwert. Einfach. Stark. Der Selbstwert-Generator für junge Menschen. Heidelberg (Carl-Auer).

Bohne, M. u. S. Ebersberger (2022a): Der Selbstwert-Generator. Im Handumdrehen zu einem starken Selbstwert. Heidelberg (Carl-Auer), 4. Aufl.

Bohne, M. u. S. Ebersberger (2022b): Entwicklung empowern mit PEP. Prozess- und embodimentfokussiert arbeiten mit Kindern und Jugendlichen. Heidelberg (Carl-Auer).

Bohne, M. u. S. Ebersberger (Hrsg.) (2022c): PEP-Tools für Therapie, Coaching und Pädagogik. Interventionen und Arbeitsmaterialien zur Prozess- und Embodimentfokussierten Psychologie. Heidelberg (Carl-Auer).

Bohne, M., G. Schmidt, B. Trenkle u. M. Ohler (Hrsg.) (2022): Reden reicht nicht!? Heidelberg (Carl-Auer) 3. Aufl.

Church, D., S. Hawk, A. J. Brooks et al. (2013): Psychological trauma symptom improvement in veterans using emotional freedom techniques: A randomized controlled trial. *Journal of Nervous and Mental Disease* 201 (2): 153–160.

Church, D. (2017): Veterans Administration Approves EFT (Emotional Freedom Techniques) Treatment. Verfügbar unter: http://www.huffingtonpost.com/entry/veterans-administration-approves-eft-emotional-freedom_us_597fc82ee4b0cb4fc1c73be2 [30.8.2019].

Grunwald, M. (2017): Homo Hapticus. München (Droemer), S. 34.

Pfeiffer, A. (2018). Was ist dran am Klopfen? Eine Übersichtsarbeit. *Psychotherapeutenjournal* 17(3), S. 235–243. Die Arbeit ist downloadbar unter https://www.dr-michael-bohne.de/fileadmin/user_upload/pdf/Allg._PDF/Was_ist_dran_am_Klopfen__PTJ_3_2018.pdf [10.8.2023].

Pfeiffer, A. (2023): Emotionale Erinnerung – Klopfen als Schlüssel für Lösungen. Neurowissenschaftliche Wirkhypothesen der Klopftechniken. Heidelberg (Carl-Auer), 2. Aufl.

Reinicke, C. u. M. Bohne (2022): Klopfen mit Kindern. Eine Anleitung für Erwachsene. Heidelberg (Carl-Auer), 2. Aufl.

Über die Autoren

Stefanie Kirschbaum, Dipl.-Psych., Heilpraktikerin (Psychotherapie); Ausbildungen in Systemischer Beratung, Lösungsfokussiertem Coaching, Mediation, Prozess- und Embodimentfokussierte Psychologie (PEP); Ichschaffs-Coach; selbständig als Coach und Trainerin und Dozentin. *Klopfen für Kinder* ist ihre dritte Kinderbuchveröffentlichung.
www.kirschbaum-beratung.de

Michael Bohne, Dr. med., Facharzt für Psychiatrie und Psychotherapie. Psychotherapiemethodenentwickler, Autor und Auftrittscoach. Mitinitiator der Tagung „Reden reicht nicht“. Michael Bohne unterstützt und initiiert Forschungsprojekte u. a. mittels fMRT zu den Klopftechniken und PEP (Medizinische Hochschule Hannover). Eine aktuelle Wirksamkeits Studie zu PEP ist eine klinische Studie der Jahre 2024 und 2025 zur Untersuchung der Wirksamkeit von PEP bei Depressionen.
www.dr-michael-bohne.de

Stefanie Kirschbaum | Sabine Ebersberger

Peppo und der Klopf-Trick

Ein Mitmach-Bilderbuch

32 Seiten, Gb, 2027
ISBN 978-3-8497-0629-6

Immer freitags treffen sich Peppo, Amal und Max im Stadtwald. Beim Spielen entdecken sie, dass sie alle kleine Ängste haben – etwa vor Mäusen. Zum Glück gibt es da einen Trick: Wenn man auf bestimmte Punkte am eigenen Körper klopft, kann das mutig machen und die innere Stärke fördern. Statt sich zu verstecken oder Situationen zu meiden, lässt sich offen mit Ängsten umgehen. Die Kernbotschaft des Buches: Auch ungute und schwierige Gefühle dürfen ausgesprochen und akzeptiert werden.

Die Geschichte fördert Resilienz und emotionale Selbstregulation bereits im Vorschulalter. Sie zeigt, dass jedes Kind Strategien für den Umgang mit schwierigen Gefühlen erlernen kann, und unterstützt dabei, Selbstvertrauen zu gewinnen und gestärkt durchs Leben zu gehen. Die liebevoll gestalteten und humorvollen Illustrationen von Karl-H. Volkmann schaffen eine lebendige Atmosphäre, die zum Mitmachen anregt.

Der Klopf-Trick und seine einzelnen Schritte sind leicht nachzuvollziehen und können direkt umgesetzt werden. Neben der Geschichte enthält das Buch einen Anhang mit anschaulichen Erläuterungen zur PEP®-Klopftechnik.

DIN A2 inkl. Beilagenblatt A4, GTIN 426-0-21585-009-8

Ergänzend zu ihrem Buch „Klopfen für Kinder. Das Vorlese-Buch" fasst die Autorin Stefanie Kirschbaum auf diesem Plakat vier Basis-Tricks zur emotionalen Soforthilfe mit PEP zusammen. Vorgeführt werden sie von den vier sympathischen Charakteren, die den Kindern schon aus dem Buch vertraut sind. Die übersichtliche, bildliche Darstellung der Techniken hat gleich mehrere Vorteile: Sie erleichtert die Anwendung, ermöglicht den Kindern schnelles Handeln im „Notfall" und hilft, die Tricks nachhaltig im emotionalen Werkzeugkasten der Kinder zu verankern. Eltern, Erzieher:innen und Lehrer:innen können die Tricks ebenfalls für sich nutzen.